DUDEN

POCKET TEACHER ENGLISCH

Abi

6., aktualisierte Auflage

David Clarke
Birgit Hock

Dudenverlag
Berlin

Die Autoren
David Clarke (†) war viele Jahre als Englischlehrer an deutschen Gymnasien tätig. Danach arbeitete er als Schulbuchautor und verfasste zahlreiche Lehrwerke und Übungsprogramme.

Birgit Hock ist Gymnasiallehrerin für die Fächer Englisch und Deutsch. Sie ist Autorin zahlreicher Lernhilfen und Unterrichtsmaterialien. Überdies engagiert sie sich in den Bereichen Lerntechniken, Leseförderung und Medienkompetenz.

Bibliografische Information der Deutschen Nationalbibliothek
Die Deutsche Nationalbibliothek verzeichnet diese Publikation in der Deutschen Nationalbibliografie; detaillierte bibliografische Daten sind im Internet über http://dnb.dnb.de abrufbar.

 D C B A
Bibliographisches Institut GmbH, Mecklenburgische Straße 53, 14197 Berlin

Projektleitung: Juliane Maaß
Herstellung: Uwe Pahnke
Umschlaggestaltung: Büroecco, Augsburg
Layout / technische Umsetzung: LemmeDESIGN, Berlin
Druck und Bindung: Heenemann GmbH & Co. KG
Bessemerstraße 83–91, 12103 Berlin
Printed in Germany

ISBN 978-3-411-87205-3

Inhalt

Vorwort

Liebe Leserin, lieber Leser!

Der Pocket Teacher Abi Englisch ist der ideale Wegbegleiter durch die gesamte Oberstufe bis zum Abitur. Er hilft nicht nur beim Endspurt vor der Abschlussprüfung, sondern ebenso gut bei der Vorbereitung auf Klausuren und Tests. In kompakter Form werden die Zusammenhänge hier übersichtlich und anschaulich erklärt. Dazu tragen auch die zahlreichen Beispiele bei. Eine spezielle Erweiterung in dieser Auflage sind die heraustrennbaren Karteikarten im Anhang. Diese 20 Karten stellen eine Vorauswahl an Themen dar, mit denen man zur Abiturprüfung rechnen muss. Die Rückseiten wurden freigelassen, damit Sie dort Ihre eigenen Notizen machen können.
Entsprechende Vorlagen für weitere Karteikarten gibt es auf **www.duden.de/pocket-teacher-abi** zum Herunterladen und Ausdrucken.
Der Pocket Teacher Abi Englisch bietet kompakte Informationen zur englischen Sprache, zahlreiche Formulierungshilfen, Erklärungen zur Bild-, Film- und Textanalyse sowie Informationen zur Landeskunde. Alle möglichen Abiturthemen werden erläutert, um Hindernisse aus dem Weg zu räumen.
Schnelle Hilfe bei eigenen Problemlösungen bietet das Stichwortverzeichnis. Die farbigen Pfeile (▶) im Text verweisen auf andere Stellen im Buch, wo sich weiterführende Informationen finden.

1 Das A und O: Der Wortschatz

1.1 Vokabeln richtig anwenden

Das eigenständige Verfassen von Texten, also die Textproduktion, ist eine, vielleicht sogar *die* wichtigste Fertigkeit, die im Abitur in einer Fremdsprache abgeprüft wird. Sie vermeiden Fehler, je besser sie also ihre Vokabeln beherrschen und je sicherer sie diese anwenden.

- Der **Grundwortschatz:** In jedem einsprachigen Wörterbuch finden Sie – meist am Ende – ca. 2 000–3 000 Vokabeln aufgelistet; es handelt sich dabei um die Wörter, die in der Fremdsprache am häufigsten vorkommen. Lernen Sie diesen Grundwortschatz auswendig!
- **Fachbegriffe:** Um eine bestimmte Thematik genau zu beschreiben, sollten Sie auch einige Fachbegriffe beherrschen – insbesondere den Themenwortschatz, der in Verbindung mit Ihren Abiturthemen steht! Solche *Fachbegriffe* stammen oft aus den Bereichen der Kunst *(arts words)*, aus den Wissenschaften *(science words)*, der Geschäftswelt bzw. dem Finanzwesen *(business and finance words)* oder gesellschaftspolitischen relevanten Themenfeldern, wie zum Beispiel Umwelt, Migration, *gender*, Gewalt o. Ä.
  Eignen Sie sich zusätzlich unbedingt alle Begriffe an, die sie für die Textanalyse und die verschiedenen Textgattungen benötigen (z. B. speaker, stanza, line, stage direction, dialogue usw.)!
- **Wörter zur Textgestaltung:** Einige Adverbien bzw. adverbiale Ausdrücke können einen Text bzw. einen Satz einleiten, eine Aussage verstärken und Textteile miteinander verbinden. Zudem gibt es bestimmte Verben, vor allem die Verben des Sagens,

Meinens und Denkens, die helfen, eine kritische Bewertung bzw. eine Stellungnahme zu formulieren. All diese Begriffe sind themen- und textunabhängig und dienen der sprachlichen Flexibilität: Wenn Sie diese gut beherrschen, können Sie damit Ihren Text leichter gestalten und sprachlich aufwerten.

1.2 Texte sprachlich strukturieren

Es gibt Vokabeln und sprachliche Wendungen, die helfen, einen Text zu gliedern. Solche Ausdrücke sind zum Beispiel

- **am Satzanfang:** *first/firstly, first of all, to begin with, at the beginning, initially*
- **als Überleitung:** *additionally, in addition, also, then, after that, afterwards, the next step, moreover, further, furthermore, besides*
- **am Schluss:** *finally, lastly, in conclusion, in summary, to sum up, to make a long sentence short, in a word, all things considered, in sum / brief, on the whole*

Weitere Formulierungen, die in einem Text strukturgebend verwendet werden können, sind *at any rate, generally speaking, on no account, by no means, in a word, briefly, basically, as a matter of fact, in fact*

1.3 Sprachlich Stellung nehmen

Viele Aufgaben in der Oberstufe fordern Sie dazu auf, einen Text kritisch zu bewerten und eine Meinung zu äußern. Die folgenden Wendungen eignen sich dazu, solche Aufgaben sprachlich angemessen und abwechslungsreich zu beantworten.

- **seine Meinung äußern:** *I think / consider / believe that, I am of the opinion that, I have / hold / take the view that, in may opinion / view, my opinion of / about, my view on / about this subject is, I have the impression that, as far as I know, to my knowledge,*

I am convinced that, I am certain that, I doubt that, it seems possible that, it appears that, it seems as if / as though
- **Zustimmung ausdrücken:** *I agree with somebody, I am oft he same opinion, he / she is right about about, he / she is right to criticize, he / she is completely right when he / she says that*
- **Ablehnung formulieren:** *I disagree with, I disapprove of the fact that, my opinion is very different from the author's, I consider it wrong to say that, in my opinion it is wrong to say that, in my view it is a mistake to say that, this idea cannot be taken seriously, some aspects still have to be clarified, there is a contradiction in what the author says, the author's opinion stands in contrast to*
- **einen Standpunkt erläutern:** *that is to say, in other words, I'd rather say, to put it in another way*
- **einen Standpunkt vertiefen:** *however, nevertheless, it has to be pointed out, it should be taken into consideration that, I want to make clear that, one must not forget that*
- Gründe nennen: *the reason why, this is why, on account of*
- **Folgen aufzeigen:** *thus, therefore, hence, this is a direct result of, accordingly, consequently, as a consequence of this*
- **Gegensätze benennen:** *but, however, nevertheless, yet, still, in contrast, in contrast with, contrary to, in spite of, despite, (al) though, even though, on the one hand / on the other hand*

1.4 Lexikalische Fehler vermeiden

In der Oberstufe sind die meisten Fehler Wort- bzw. Ausdrucksfehler *(vocabulary and usage mistakes)*. Abgesehen von lückenhaften Vokabelkenntnissen handelt es sich bei Wortfehlern oft um

a das Phänomen der Interferenz (= Verwechslung von ähnlich klingenden deutschen und englischen Wörtern) und

b englische Wörter, die häufig – auch von Muttersprachlern – verwechselt werden. Die erste Gruppe nennt man *false friends*, die zweite *confusables*.

Probleme mit „falschen Freunden"

Problems with 'false friends'

Hier ist eine Liste von falschen Freunden, die Sie oft und gerne im Stich lassen. In der linken Spalte steht das deutsche Wort; in der mittleren Spalte finden Sie die richtige englische Entsprechung im Kontext. Rechts steht der typische Fehler.

VERBEN

bemerken	*I'm sorry. I didn't **notice** you.*	~~remark~~
irritieren	*Don't **distract** Ann. She's counting.*	~~irritate~~
meinen	*Tom **thinks** Sally is fantastic.*	~~means~~
machen	*Have you **done** your homework yet?*	~~made~~
spenden	*Germans **donate** a lot of money to charity.*	~~spend~~
starten	*The plane **took off** two hours late.*	~~started~~
übersehen	*The driver **overlooked** a red light.*	~~oversaw~~

NOMEN

Land	*Bavaria is the biggest **state** in Germany.*	~~land~~
Menü	*The set **meal** costs $4.50.*	~~menu~~
Pension	***Guest houses** are cheaper than hotels.*	~~pension~~
Politik	*The government's rail **policy** is crazy.*	~~politic(s)~~
Preis	*Our school won a **prize** of £1000.*	~~price~~
Rente	*I can't live on such a small **pension**.*	~~rent~~
Rezept	*Take this **prescription** to the chemist's.*	~~recipe~~

ADJEKTIVE UND ADVERBIEN

aktuell	*Global warming is a* ***current*** *problem.*	~~actual~~
brav	*I'm afraid Bonzo isn't very* ***well-behaved****.*	~~brave~~
dezent	*Please wear* ***discreet/subdued*** *clothing.*	~~decent~~
desinteressiert	*John's* ***uninterested*** *in school.*	~~disinterested~~
dick	*The doctor said I'm too* ***fat****.*	~~thick~~
eventuell	***Maybe*** *we'll call in at the weekend.*	~~eventually~~
komfortabel	*They live in a* ***luxurious*** *flat in Berlin.*	~~comfortable~~
miserabel	*This steak is absolutely* ***awful****.*	~~miserable~~
nächste	*The* ***nearest*** *post office is in Cherry Road.*	~~next~~
neueste	*Is this the* ***latest*** *version of Word?*	~~newest~~
sensibel	*Jim's very* ***sensitive*** *about his big feet.*	~~sensible~~
seriös	*We only do business with* ***reputable*** *firms.*	~~serious~~
sympathisch	*Mrs Todd is a* ***likeable*** *woman.*	~~sympathetic~~

Leicht verwechselbare Wörter

Confusables (words that are easily mixed up)

Beachten Sie auch die folgenden Wortpaare, die häufig verwechselt werden. Lesen Sie zuerst die Anwendungssätze. Danach sehen Sie sich rechts die deutschen Entsprechungen zur Kontrolle an.

1

VERBEN

abuse	*Some sex tourists* ***abuse*** *small children.*	miss-brauchen
misuse	*If you* ***misuse*** *the machine, it'll break down.*	falsch bedienen
affect	*Bad weather* ***affects*** *people's mood.*	beeinflussen
effect	*Fred* ***effected*** *his escape by stealing a car.*	bewirken
arbitrate	*We asked a court to* ***arbitrate*** *in the dispute.*	schlichten
mediate	*Senator Mitchell is* ***mediating*** *in Northern Ireland.*	vermitteln
avoid	*It is perfectly legal to* ***avoid*** *paying too much tax.*	vermeiden
evade	*In most countries it is a crime to* ***evade*** *tax.*	ausweichen
become	*Alison is hoping to* ***become*** *a vet.*	werden
get	*In the UK you can* ***get*** *stamps at supermarkets.*	bekommen
borrow	*Some people* ***borrow*** *money to pay their debts!*	sich etwas leihen

lend	*It is unwise to **lend** money to friends.*	jmdm. etwas leihen
imply	*Are you **implying** that Tom wasn't really ill?*	unterstellen
infer	*From what he said, we **inferred** he liked the idea.*	erschließen
lay	*The ambulance men **laid** the boy on a stretcher.*	legen
lie	*You shouldn't just **lie** on the sofa all day.*	liegen
prescribe	*The law **prescribes** when shops may open.*	vorschreiben
proscribe	*The EU **proscribed** smoking in public places.*	verbieten
repel	*The idea of eating dogs **repels** most Westerners.*	abstoßen
repulse	*The police **repulsed** the attack with rubber bullets.*	abwehren

NOMEN

play	*Shakespeare's **plays** make great films.*	Theaterstück
game	*Football is the world's most popular **game**.*	Spiel
receipt	*Did you get a **receipt** when you paid?*	Quittung
recipe	*Have you got a **recipe** for cheese sauce?*	Rezept

variety	*The USA is a country of great* ***variety****.*	Vielseitigkeit (Dinge)
versatility	*Bernstein was a musician of great* ***versatility****.*	Vielseitigkeit (Personen)

ADJEKTIVE

continual	*These* ***continual*** *delays are costing a lot.*	ständig
continuous	*It was great. We had* ***continuous*** *sunshine.*	unaufhör-lich
economic	*Russia's* ***economic*** *problems are getting worse.*	Wirtschafts-…
economical	*Small cars are more* ***economical*** *than big ones.*	sparsam
finished	*Have you* ***finished*** *the essay yet?*	fertig = „erledigt"
ready	*Mary's never* ***ready*** *when I want to pick her up.*	fertig = „startbereit"
happy	*We're very* ***happy*** *with our new car.*	glücklich
lucky	*You're* ***lucky*** *to get a job at all these days.*	Glück haben
industrial	*Dortmund is no longer an* ***industrial*** *city.*	Industrie-…
industrious	*I'm afraid Joshua isn't very* ***industrious*** *at school.*	fleißig
practical	*You learn best by doing* ***practical*** *activities.*	praktisch
practicable	*It's a nice idea, but is it* ***practicable?***	umsetzbar

social	*Many big towns have serious **social** problems.*	Sozial-…
sociable	***Sociable** people love parties.*	gesellig
tasty	*This chicken salad is great. It's very **tasty**.*	lecker
tasteful	*Her selfie wasn't **tasteful** – too much skin.*	geschmackvoll

DIVERSE WORTPAARE

advice	*He was a fool not to get professional **advice**.*	Rat(schlag)
advise	*My lawyer **advised** me to go to court.*	beraten
licence	*Fifteen is too young to have a **driving licence**.*	…-schein
license	*You must be **licensed** to sell alcohol.*	zulassen
practice	*Everybody knows that "**practice** makes perfect".*	Übung
practise	*You must **practise** the piano every day.*	üben
loose	*The accident was caused by one **loose** screw.*	locker
lose	*We will **lose** the match if we don't train more.*	verlieren
principal	*Cuba's **principal** exports are sugar and cigars.*	Haupt-…
principle	*I agree with your idea in **principle**.*	Prinzip

stationary	*The other car was **stationary** when I ran into it.*	stehend
stationery	*Paper, envelopes etc. are called "**stationery**".*	Schreibwaren

Präpositionalverben

Prepositional verbs

Es gibt englische Verben, die eine bestimmte Bedeutung haben, wenn sie mit einer Präposition verbunden sind (= Präpositionalverben), z. B.:

- Wir haben über eine Stunde auf dich gewartet.

→ *We **waited for** you for over an hour.* NICHT ~~*wait on*~~!

- Gehört dieses Buch dir?

→ *Does this book **belong to** you?* NICHT ~~*belong you*~~!

1

NOTICE Achten Sie besonders auf die mit einem Sternchen (*) markierten Sätze. Hier weichen Deutsch und Englisch oft stark voneinander ab.

*Jack **arrived at** the office 30 minutes late.*	ankommen
*May I **ask for** your ticket, please?*	bitten um
*A minority of the young **believe in** a god.*	glauben an
*That house **belongs to** my uncle.**	gehören
*Paul is always **borrowing** money **from** me.*	ausleihen von
*The boy **confessed to** stealing the mobile phone.*	gestehen
*Most people **dream about** winning the lottery.*	träumen von
*Paul **insisted on** going to work.*	bestehen auf
*What do you **know about** the life of the poor?*	wissen über
*The pupils all **laughed at** the teacher's joke.**	lachen über

You shouldn't ***laugh about*** *other people's bad luck.**	lachen über
This car isn't mine. My neighbour ***lent*** *it* ***to*** *me.**	leihen
How can you learn anything if you don't ***listen to*** *the teacher?*	zuhören
Look at *that notice: You can't park here.*	anschauen
Did you ***read about*** *Mary in the paper today?*	lesen über
You shouldn't ***shout at*** *small children.*	anschreien
Will you ***vote for*** *me in the election?**	wählen
I'll ***wait for*** *you in the café, okay?**	warten auf
You can ***wish for*** *three things if you find the end of a rainbow.**	sich etwas wünschen
We've got to ***write about*** *new forms of energy.*	schreiben über
I'll ***write to*** *you when I get home.**	jmdm. schreiben

Verben mit Adverb

Phrasal verbs

Phrasal verbs bestehen entweder aus einem **Verb** + **Adverb**, also einer „Partikel“, z. B.:

I'll ***call in*** *tomorrow at 3.*	vorbeischauen
Don't forget to ***pick up*** *Jenny from school.*	abholen
Can I ***stay up*** *to see the movie?*	aufbleiben

oder aus einem **Verb** + **Adverb** („Partikel“) + **einer Präposition**, z. B.:

Okay, but what do I ***get out of*** *it?*	etw. davon haben

*I don't **get along/on with** the boss very well.*	sich verstehen
*We're **looking forward to** your party.*	sich freuen auf

NOTICE Es ist nahezu unmöglich, die Bedeutung eines Partikelverbs von den einzelnen Wörtern her zu erschließen, da viele Partikelverben auch als Präpositionalverbindungen vorkommen.

Vergleichen Sie diese Satzpaare:

Präposition	*I **looked up** and saw her at the window.*	aufschauen
Partikel	*I always **look up** words online.*	nachschlagen
Präposition	***Pick up** that rubbish, please.*	aufheben
Partikel	*I'll **pick up** Jane at the airport.*	abholen
Präposition	*I **looked into** the box but it was empty.*	hineinschauen
Partikel	*The police are **looking into** the robbery.*	untersuchen

NOTICE Lernen Sie feste (Verb-)Verbindungen immer als vollständige Einheit!

*We had to **break off** the game because of rain.*	abbrechen
*It's hard to **bring up** children on your own.*	erziehen
*Three prisoners **broke out** last night.*	ausbrechen
*Jenny **broke out** in a rash after eating fish.*	Ausschlag bekommen
*We had to **call off** the party because of illness.*	absagen
*Let's talk again when you've **calmed down**.*	sich beruhigen

The doctor ***will carry out*** *the operation tomorrow.*	durchführen
You can ***clear up*** *problems by talking about them.*	lösen
They'll restart the match if the weather ***clears up****.*	sich aufhellen
The Greens ***do up*** *their house every year or so.*	renovieren
We took the wrong train and ***ended up*** *in Dublin.*	landen
Jack is always ***falling out*** *with his colleagues.*	sich zerstreiten
You must ***fill in*** *this form to get a driving licence.*	ausfüllen
Can you ***fill*** *us* ***in*** *on what's happened so far?*	jmdn. ins Bild setzen
Sally ***is filling in*** *for Jane tomorrow.*	für jmdn. einspringen
You ***can find out*** *Mary's address from her mother.*	herausfinden
Separate if you ***can't get on/along*** *with each other.*	sich vertragen
How are you ***getting on*** *with the letters?*	vorankommen
Our neighbour ***gets up*** *at 5 every morning.*	aufstehen
Bill Gates ***gives away*** *millions of dollars a year.*	verschenken
He's so stubborn. He never ***gives in****.*	nachgeben
A lot of my friends ***have given up*** *smoking.*	aufgeben
Tom is British but he ***grew up*** *in France.*	aufwachsen

*Please **don't keep on** complaining all the time.*	weitermachen
*Not so fast. I **can't keep** up with you.*	Schritt halten
*The firm **is laying off** 15 more workers.*	entlassen
*This match is important. **Don't let** me **down**.*	im Stich lassen
*Somebody **let down** my tyres last night.*	Luft heraus-lassen
***Can** you **look after** the baby tomorrow?*	auf jmdn. aufpassen
*You can borrow my CD if you **look after** it.*	pfleglich umgehen mit
*Snobs **look down** on ordinary people.*	herabsehen auf
***Look out!** A car's coming.*	aufpassen
*Children need role models to **look up to**.*	zu jmdm. aufsehen
*I **couldn't make out** what the sign meant.*	entziffern
*I **can't make** you **out**, Ben. You're never satisfied.*	verstehen
*That's not true. Who **made up** that silly story?*	ausdenken
***Have** you **put away** your clothes?*	wegräumen
*The government **has put up** taxes again.*	erhöhen
*We **can put up** three people for you.*	unterbringen
*You can't expect her to **put up with** such rudeness.*	sich abfinden mit
*Would you like to **see round** our new house?*	besichtigen
*Sit down and stop **showing off** all the time.*	angeben

*When Ben **showed up**, the party was already over.*	aufkreuzen
*Some parents **are shown up** by their horrible children.*	blamieren
***Speak up!** Nobody can hear you.*	lauter sprechen
*When the boss came in, everybody **stood up**.*	aufstehen
*The speaker **started off** by telling some jokes.*	beginnen
*Our plane **takes off** at 10.30 a.m.*	starten
*You're mad to **take off** the boss's wife like that.*	nachmachen
*Always **try on** clothes before buying.*	anprobieren
*You**'re trying** me **on**. You can't mean that.*	provozieren
*The holiday **turned out** better than expected.*	sich heraus-stellen
*The bus **turned up** 30 minutes late.*	aufkreuzen
***Don't wait up.** I'll be home quite late.*	aufbleiben
***Can** you **work out** the price for me?*	ausrechnen
*I **can't work** him **out**. He can't be that stupid.*	verstehen
*Sally **works out** in a gym every evening.*	trainieren

Lesefertigkeiten

Ein Wort vorweg …
Das Lesen englischer Texte wird viel leichter und angenehmer, wenn Sie zunächst versuchen, die Bedeutung von unbekannten Wörtern ohne den Gebrauch eines Wörterbuches zu erschließen. Dazu werden hier **zwei Strategien der Worterkennung** erklärt.

2.1 Worterkennung: Ähnlichkeiten und Kontext

Word recognition: similarities and context

Ähnlichkeiten zwischen Deutsch und Englisch
Abgesehen von „internationalen Wörtern" wie *airbag, computer* oder *manager* gibt es zwei andere Gruppen von Wörtern, die im Englischen und Deutschen sehr ähnlich sind. Für deutschsprachige Leser ist die Bedeutung solcher Wörter leicht zu erkennen.

- Die **erste Gruppe** besteht aus unzähligen englischen Wörtern des täglichen Lebens – z. B. *book, (to) bring, brother, (to) come, family, father, field* oder *garden* –, die aus dem Germanischen stammen.
- Die **zweite Gruppe** enthält vorwiegend **Abstrakta** *(abstract nouns)*, die oft aus dem Lateinischen oder Griechischen abgeleitet sind und im Englischen und Deutschen gleichbedeutend vorkommen. Beispiele dieser sogenannten **„Fremdwörter"** *(words of foreign origin)* sind *aggressive, (to) combine, conventional, diplomacy, ethnic, (to) isolate, politics, risk, socialism* und *traditional.*

NOTICE Auch hier die *false friends* beachten! (▶ S. 6 f.)

Der Kontext: ein Freund und Helfer
Häufig können Sie die wahrscheinliche oder ungefähre Bedeutung eines Wortes aus dem Kontext (Sinnzusammenhang) auch ohne Hilfe eines Wörterbuches erschließen.
Unter Kontext versteht man allerdings mehr als nur den Satz, in dem das Wort vorkommt. Ebenso wichtig sind die umgebenden Sätze. Oft lässt sich hier ein schon bekanntes Synonym (= Wort mit einer sehr ähnlichen oder gleichen Bedeutung) des unbekannten Wortes finden.

Hier ein Beispiel, an dem Sie erkennen können, wie man den Kontext nutzen kann. Lesen Sie zuerst den Text. Sehen Sie sich dann die unterstrichenen Wörter näher an.

> … as the two sides continue their squabble over the difficult question of when and if the IRA will give up its weapons. But even if this thorny issue of decommissioning is somehow dealt with, there is still plenty more to fight about.

- *Squabble* muss etwas wie *fight* oder *argument* bedeuten, da im folgenden Satz *plenty more to fight about* den Bezug zu *squabble* herstellt.
- Der Ausdruck *thorny issue* bedeutet etwas Ähnliches wie *difficult question*, das im ersten Satz im gleichen Kontext benutzt wird.
- *Decommissioning* hat offensichtlich etwas mit *giving up weapons* zu tun, da *giving up weapons* im nächsten Satz vor *decommissioning* durch *this* ersetzt wird.

2.2 Intensives Lesen zum Detailverständnis
Close reading for detail

Das gründliche, intensive Lesen eines Textes ist Voraussetzung dafür, Fragen zum Inhalt sowie zu Aufbau und Struktur eines Textes beantworten zu können. Bei diesem Arbeitsschritt ist es

sinnvoll, im Text Unterstreichungen vorzunehmen und mit (Rand-)Notizen zu arbeiten.
Das intensive Lesen ist immer der zweite Schritt, der auf das orientierende Lesen *(skimming)* folgt. Hier einige praktische Tipps:

LERNTIPP 1 Widmen Sie sich beim intensiven Lesen auch den Bildern, den Bildunterschriften *(captions)* und, falls vorhanden, den Grafiken – das alles sind zusätzliche Informationen, die helfen, den Text zu verstehen und den Inhalt zu bewerten.

LERNTIPP 2 Markieren Sie Schlüsselbegriffe *(key words)* – also die sinntragenden Verben oder Substantive, die, in sprachlichen Varianten, meist mehrfach im Text vorkommen.

LERNTIPP 3 Randnotizen (z. B. Frage- oder Ausrufezeichen) machen wichtige Textstellen wieder auffindbar.

LERNTIPP 4 Arbeiten Sie mit Farben! Ordnen Sie einem Unterthema bzw. einer literarischen Figur eine bestimmte Farbe zu, um Auffälligkeiten zu markieren und den Text zu strukturieren.

LERNTIPP 5 Arbeiten sie übersichtlich! Markieren Sie jeweils nur einzelne Kernbegriffe und fassen Sie längere Textstellen von besonderer Bedeutung durch eine Klammer zusammen.

LERNTIPP 6 Strukturieren Sie Ihre Notizen, indem Sie z. B. Tabellen anfertigen: Unter einer Überschrift listen Sie in einer Spalte die Vorteile, in einer zweiten Spalte die Nachteile auf. Hier ein Beispiel für Überschriften aus einem Text über Energie:

fossil fuels		
types	*advantages*	*disadvantages*
renewable energy sources		
types	*advantages*	*disadvantages*

2.3 Suchendes Lesen

Scanning

Die Suche nach spezifischen, detaillierten Informationen erfordert ein suchendes Lesen, das dem Auffinden bestimmter Schlüsselbegriffe dient. ***Scanning*** funktioniert so:

Überlegen Sie sich genau, nach welchen Inhalten bzw. Begriffen Sie suchen: Behalten Sie diese Begriffe fest im Gedächtnis – bzw. notieren Sie sie gar auf einen Notizzettel – und überfliegen Sie dann den Text. Sobald Sie an einer Stelle im Text hängenbleiben, lesen Sie diesen Satz gründlich und notieren sich dann den Inhalt in Stichworten.

Auf diese Technik werden Sie z. B. im Laufe der Textanalyse immer wieder zurückgreifen, um Belege zu finden, die ihre Argumentation stützen bzw. widerlegen können oder um in Figurencharakteristiken gewisse Eigenschaften bzw. Eigenheiten mit Zitaten untermauern zu können.

NOTICE Gut gegliederte, übersichtliche Notizen helfen auch beim suchenden Lesen – Schlüsselbegriffe sind Ihnen schneller präsent!

2.4 Orientierendes Lesen zum Grobverständnis

Skimming

Beim orientierenden Lesen überfliegt man einen Text, ohne auf jedes einzelne Wort zu achten, mit dem Ziel, den **Kernsinn** *(core sense)* zu erkennen.
Lesen Sie los und haben Sie Mut zur Lücke!

2

LERNTIPP 1 Lesen Sie den Titel und die Einleitung, wenn es eine gibt, um herauszufinden, worum es thematisch geht.

LERNTIPP 2 Seltene Wörter *(rare words)* werden häufig in den Anmerkungen *(annotations)* erklärt. Schauen Sie sich diese Anmerkungen vor dem Lesen an.

LERNTIPP 3 Lesen Sie sich jetzt den Text einmal durch und konzentrieren Sie sich auf die **Schlüsselwörter** *(key words)*. Das sind alle Begriffe, die die **Kernaussage** *(core sense)* vermitteln. Benutzen Sie Ihre **Worterschließungsfertigkeiten** *(word recognition skills)*, wo auch immer sie angewendet werden können.

LERNTIPP 4 Falls Sie ein wichtiges Schlüsselwort nicht verstehen, lesen Sie einfach weiter. Viele solcher Wörter erschließen sich aus dem Zusammenhang des Textes oder sie werden einige Zeilen später durch ein bekanntes Synonym ersetzt und somit erklärt.

3 Hörverständnis

Egal, ob Sie eine (Fremd-)Sprache nur über's Ohr (Radio, Podcasts, Hörbuch oder Hörspiel) oder in Kombination mit (bewegten) Bildern wahrnehmen, wird Ihnen hier das Tempo, das sie beim Lesen selbst bestimmen können, vorgegeben. Die Handlung aber läuft weiter. Die wichtigste Regel lautet deshalb:

NOTICE *Mut zur Lücke!* Kümmern Sie sich nicht um den Teil, den Sie verpasst haben – verfolgen Sie ein Gespräch, das Interview bzw. das Geschehen an der Stelle weiter, an der es sich gerade befindet!

Übrigens: Notizen sind Stichworte! Konzentrieren Sie sich und schreiben sie nur wichtige Begriffe mit – keine ganzen Sätze!

Hier sind wieder einige Tipps:

LERNTIPP 1 Hören Sie sich den gesamten Text zunächst in Ruhe an, um grob zu erfassen, worum es geht. Sie brauchen dazu nicht jedes Wort zu verstehen. Machen Sie zu diesem Zeitpunkt noch keine Notizen, hören Sie nur gut zu.

LERNTIPP 2 Wenn Sie beim ersten Hören des Textes Schwierigkeiten haben, bleiben sie ruhig! Hören Sie sich den Text noch einmal abschnittsweise an. Machen Sie noch immer keine Notizen.

LERNTIPP 3 Wenn es Ihre Aufgabe ist, **spezifische Informationen** *(specific information)* z. B. über die Ursachen der Arbeitslosigkeit oder die Vorteile erneuerbarer Energien herauszufinden, achten Sie nur auf diese Informationen und schreiben Sie diese kurz auf. Lassen Sie sich nicht von anderen Themen ablenken.

LERNTIPP 4 Für **Kurznotizen** *(brief notes)* eignen sich vor allem **Schlüsselwörter** *(key words)* oder **sinntragende Wörter**

(content words). Das sind meist Nomen und Verben, die manchmal durch Adjektive und Adverbien ergänzt werden. Gerade in Hörtexten kommen oft eine ganze Reihe von **Floskeln** *(stereotyped phrases)*, **Wiederholungen** *(repetition)* und **Belanglosigkeiten** *(irrelevancies)* vor. Die **Kernaussage** *(core sense)* des Textes wird in relativ wenigen Sätzen zum Ausdruck gebracht. Es gilt, zwischen diesen beiden Ebenen zu unterscheiden.

LERNTIPP 5 Lassen Sie sich nicht beirren, wenn Sie etwas nicht verstehen. Übergehen Sie diesen Teil einfach und hören Sie weiter zu. Sie werden merken, dass sich manches später von selbst klärt.

3

LERNTIPP 6 Verschwenden Sie keine Zeit damit, Wörter ganz auszuschreiben. Benutzen Sie:

- Zeichen, z. B. = für *is/are the same as;* ≈ für *approximately/ „more or less“*; < > für *is/are less/more than;* # für *number;* 1/2 für *half* usw.
- Abkürzungen, z. B.: *ie/i.e.* für *that is/means, km* für *kilometres,* ca./approx. für *approximately, asap* für *as soon as possible, sb/ sth* für *somebody/something, MP* für *member of parliament, UN* für *United Nations, EU* für *European Union* usw.
- Teile längerer Wörter, z. B.: *dev.* für *development; educ.* für *education; env.* für *environment; govt.* für *government; pols.* für *politicians.*

LERNTIPP 7 Schreiben Sie Ihre Kurznotizen so bald wie möglich noch einmal sauber auf – ansonsten kann es passieren, dass Sie später Ihre eigene Schrift nicht mehr lesen können oder fantasievolle Abkürzungen nicht mehr verstehen. Dieser Arbeitsschritt ist außerdem eine sinnvolle Möglichkeit, die Inhalte des Gehörten zu reflektieren und zu behalten.

LERNTIPP 8 Versuchen Sie, so oft wie möglich vorbereitete Überschriften zu benutzen, um Ihre Notizen systematisch anzuordnen und unterstützen den Verstehensprozess. Sie sparen Zeit, die Sie beim Schreiben und Zuhören gut gebrauchen können.

Ein Schema wie das unten abgebildete kann sehr hilfreich sein. Dieses hier gehört zu einem Gespräch über die veränderten Rollen von Männern und Frauen.

	men	women
changed or changing role		
reasons		
consequences		

Bild- und Filmanalyse 4

Neben **Lesen** *(reading)*, **Schreiben** *(writing)*, **Hören** *(listening)* und **Sprechen** *(speaking)* gehört auch das Verstehen von (bewegten) Bildern zu den Fertigkeiten, die im Fremdsprachenunterricht abgefragt werden.

4.1 Bilder, Gemälde und Fotos
Fotos and paintings

Die Erschließung eines Bildes erfolgt üblicherweise in drei Schritten:
- Beschreibung
- Analyse
- Interpretation.

- Eine **Bildbeschreibung** hat den Zweck, die dargestellte Situation vollständig zu erfassen. Im Idealfall kann man sich das Bild anhand einer solchen Beschreibung vorstellen, auch ohne die Vorlage zu kennen.
- In der **Analyse** werden die auf dem Bild verwendeten Stilmittel (u. a. Perspektive, Farbgebung, Situation u. Ä.) identifiziert, ihre Wirkung wird beschrieben.
- Bei der **Interpretation** eines Bildes wird die (ästhetische) Wirkung beschrieben: Welche Emotionen und welchen Effekt ruft das Bild beim Betrachtenden hervor?

Vorgehensweise
Wenn Sie ein Bild, ein Gemälde oder ein Foto beschreiben, geben Sie zunächst *den Gesamteindruck* wieder. Nennen Sie erst *danach wichtige Einzelheiten.* Berücksichtigen Sie unbedingt die Quelle,

sofern darüber eine Aussage gemacht wird, und ordnen Sie das Bild in den Kontext ein: Je nachdem, ob ein Bild oder ein Foto in einer – seriösen – Zeitung, in einem Fachartikel oder auf einem Werbeplakat zu finden ist, kann die Bildaussage variieren! Anschließend analysieren Sie das Bild in seinen Einzelkomponenten: der gewählte Bildausschnitt *(frame)*, der Bildaufbau *(composition)*, der Blickwinkel *(point of view)*, die Perspektive *(perspective)* und die Farbgebung (colour scheme) sind wichtige Gestaltungselemente, die thematisiert werden sollen. All diese Gestaltungselemente tragen wesentlich zur Wirkung des Bildes bei.
Im letzten Schritt geht es um die Interpretation bzw. Bewertung des Bildes/Gemäldes/Fotos. Welche Absichten und Wirkungen sind erkennbar? Hat es eine politische Bedeutung oder eine bestimmte „Botschaft" *(message)*?

NOTICE **Fotos und Realität**

Fotos sind keine objektiven Abbilder der Realität – sondern „transformierte Wirklichkeit". Das bedeutet, dass der Fotograf „Realität" gestaltet, indem er z. B. den Aufnahmestandort oder den Bildausschnitt wählt und dadurch die Wirkung des Bildes mitbestimmt. Das gilt ganz besonders für Fotos und Bilder, die in den sozialen Netzwerken geteilt werden: Bildausschnitte werden bewusst gewählt, Filter angewendet etc. – auch das ist transformierte Wirklichkeit!

Bei allen Bildbeschreibungen sind Präpositionen und Adverbien des Ortes unverzichtbar. Nützlich sind:

rechts/links	*on the right/left*
in der Mitte	*in the middle*
im Vordergrund/Hintergrund	*in the foreground/background*
in der oberen/unteren/rechten/ linken Ecke	*In the top/bottom/right/left/ corner*
oben/unten in der Mitte	*at top/bottom centre*

rechts/links in der Mitte	*at right/left centre*
vor	*in front of*
hinter	*behind*
neben	*next to*
In der Nähe	*near*
unweit (von)	*not far (from)*

4.2 (Politische) Karikaturen
(Political) cartoons

Karikaturen üben Kritik an gesellschaftlichen und politischen Verhältnissen und Werten. Die Haltung des Karikaturisten (cartoonist) wird zugespitzt präsentiert. Dabei bedienen sich Karikaturisten häufig bestimmter Stilmittel (stylistic devices) wie z. B. Symbolen, Verfremdung oder Übertreibung (hyperbole). Mit der Botschaft wird häufig zu einer politischen Umorientierung bzw. einem Richtungswechsel (change of policy) aufgefordert.

Auch die Analyse einer Karikatur ist eine Bildanalyse und folgt dem Schema Beschreibung – Analyse – Interpretation. Allerdings ist es bei Karikaturen besonders wichtig, den Kontext zu benennen bzw. die Problem zu schildern, auf das ein cartoon Bezug nimmt und abschließend zu beurteilen, ob und wie es dem Künstler gelingt, seine Anliegen bzw. seine Kritik verständlich zu machen.

Vokabular	*Vocabulary*	
Absurdität absurde Übertreibung Botschaft Darstellung lächerliche Darstellung von Einseitigkeit	*absurdity* *absurd exaggeration* *message* *representation* *ridiculous representation of one-sidedness, bias*	

Vokabular	*Vocabulary*	
Karikatur	*cartoon*	
Karikaturist/-in	*cartoonist*	
Satire	*satire*	
satirische Aussage	*satirical statement*	
Schockwirkung	*shock effect*	
sich auf einen Aspekt konzentrieren	*(to) focus on one aspect*	
Thema	*topic*	nicht ~~theme~~!
aktuelles Thema	*current topic*	

▸ Ergänzung zum Vokabular S. 55 f., 61, 72, 76, 84

4.3 Schaubilder *Charts, graphs and diagramms*

Auch Grafiken, Diagramme und Statistiken liefern visuelle Informationen: Sie sollen Zusammenhänge veranschaulichen oder Daten und Zahlen „auf den Punkt" bringen. Die gebräuchlichsten Formen sind

- Liniendiagramme *(line graphs)*
- Balken-/Säulendiagramme *(bar charts)*
- Tortendiagramme *(pie charts)*

Bei der Auswertung von Diagrammen sind zuerst die Form und das Thema zu benennen. Danach werden die zentralen Aussagen eines Diagramms zusammengefasst.

NOTICE In Bildbeschreibungen und zur Beschreibung von Diagrammen verwenden Sie grundsätzlich **Zeiten des Präsens!**

4.4 Einen Film analysieren *Analysing films*

Im Rahmen des schriftlichen oder mündlichen Abiturs ist es nicht möglich, einen ganzen Film zu analysieren. Meist geht es deshalb darum, einen relativ kurzen Filmausschnitt (Szene) zu behandeln. Gerne wird ein solcher Filmausschnitt mit einem

begleitenden Text, z. B. einer Filmkritik *(review)* oder einem Ausschnitt aus der Romanvorlage, kombiniert.
Auch bei der Filmanalyse sind die erzählerischen Merkmale, die Sie aus der Beschäftigung mit einem Roman, einem Drama oder einem anderen fiktionalen Werk kennen, wichtig: Handlungsort und Atmosphäre (▶ S. 76), Erzählperspektive (▶ S. 80), Charakterisierung (▶ S. 83) sind neben dem Handlungsablauf *(what happens?)* und der filmischen Darstellungsweise *(how is it shown?)* die Punkte, die Sie in einer Filmanalyse erklären müssen.

4

LERNTIPP 1 Verschaffen Sie sich einen Überblick! Schauen Sie den Film bzw. die Filmszene, die Sie beschreiben sollen, konzentriert an. Machen Sie sich im Anschluss daran ihre eigenen Notizen: Was ist Ihnen in Erinnerung geblieben? Was haben Sie verstanden, wo haben Sie sich gewundert? Notieren Sie auch ihre Fragen an den Film – andere Zuschauer werden sich bestimmt genauso darüber wundern wie Sie!

LERNTIPP 2 Schauen Sie sich den Film bzw. die Filmszene ein zweites und ggf. ein drittes Mal an. Konzentrieren Sie sich auf die Schlüsselereignisse und untersuchen Sie vor allem diese wichtigen Sequenzen.

LERNTIPP 3 Machen Sie sich übersichtliche Notizen, am besten in Form einer Tabelle:

scene	action	camera	other observations
Where?	*Who and what?*	*How?*	…

LERNTIPP 4 Suchen Sie ergänzende Informationen zum Inhalt des Films bzw. der Filmszene: historische Fakten, Auszeichnungen, Bedeutung des Filmtitels, Regisseur und Schauspieler/-innen usw. Bringen Sie Ihre Recherche-Ergebnisse in einen sinnvollen Zusammenhang mit dem Film selbst und ordnen Sie nicht nur das Geschehen, sondern auch die Entstehungsge-

schichte des Films historisch bzw. gesellschaftlich und/oder politisch ein.

Glossar mit Anwendungssätzen

Glossary of terms with example sentences

NOTICE In dieser Zusammenstellung zentraler Vokabeln bezieht sich das Wort „Subjekt" auf die Menschen, Tiere oder Objekte, welche die Kamera filmt. Außerdem benutzen wir das Pronomen *it* für ein Subjekt, selbst wenn es sich um eine Person handelt. Die kursiv gesetzten Beispielsätze sind frei erfunden und beziehen sich auf keinen bestimmten Film.

CAMERA RANGE

Einstellungsgröße

1 Extreme long shot – *Weitwinkeleinstellung, Panorama*

Weitwinkeleinstellung mit Umgebung, Ansammlungen von Menschen oder Menschen im Freien vor einem weiten Hintergrund.

→ *The film opens with an extreme long shot of the park. Some people* ***are sunbathing*** *while others* ***are strolling*** (bummeln) *along the paths.*

NOTICE Benutzen Sie das ***present progressive,*** um zu sagen, was auf der Leinwand in dem Moment passiert, den Sie gerade beschreiben.

2 Long shot – *Totale*

Einstellung auf mittlerer Höhe mit Straßenszenen, Menschen in einem größeren Gebäude, z. B. einer Eingangshalle, einem Hörsaal oder in einem Theater.

→ *Then the camera takes a long shot of some children playing with a ball.*

NOTICE Eine Totale filmen = *(to)* ***take*** *a long shot*

3 Establishing shot – *Übersichtseinstellung*

Eine bedeutende Einstellung, die für einige Sekunden in den Anfang einer neuen Sequenz oder Szene einführt. Diese Einstellung wird eingesetzt, um den Ort und die Zeit einer Handlung festzulegen, z.B. ein sonniger Strand, eine dunkle Straße mit Laternen oder eine Familie beim Fernsehabend. Deshalb sind Übersichtseinstellungen normalerweise eine Weitwinkeleinstellung oder eine Totale (vgl. 1 + 2).

→ *The establishing shot at the beginning of the film takes the form of an extreme long shot of a park.*

4 Medium long shot – *Halbtotale*

Eine Einstellung mit kleineren Gruppen, z.B. Kampfszenen, Partys, Sportereignisse, bei denen Menschen im Hintergrund von Kopf bis Fuß zu sehen sind, während im Vordergrund die Oberkörper der Handelnden zu sehen sind.

→ *After that, there is a medium long shot of a girl running after the ball with other children in the background.*

4

5 Full shot – *Halbnahaufnahme*

Eine Einstellung vor einem direkten Hintergrund mit einzelnen Akteuren, die ab der Hüfte aufwärts zu sehen und in eine Aktivität vertieft sind, z.B. eine Unterhaltung, eine Liebesszene, Menschen bei der Arbeit usw.

→ *In a full shot, we see the child picking up the ball with a dog running towards her in the immediate background.*

6 Medium close shot – *Amerikanische Einstellung*

Eine Einstellung, die nur die Oberkörper der Subjekte vor einem direkten Hintergrund zeigt, z.B. wie eine Person in eine Tasche greift oder wie ein Polizist seine Waffe zieht. Diese Einstellung wird auch oft für Dialogszenen verwendet.

→ *The camera closes in on the dog to take a medium close shot of it barking at the girl.*

7 Close shot – *Nahaufnahme*

Eine Einstellung, die den Kopf und die Schultern von ein bis zwei Menschen zeigt. Oft werden Menschen dargestellt, während sie in ein Gespräch vertieft sind, sich umarmen, küssen oder einander bedrohen.

→ *There is then a close shot of the girl looking at the dog with a frightened expression on her face.*

8 Close-up – *Großaufnahme*
Eine Einstellung, die nur den Kopf und Hals eines Darstellers zeigt. Betont Mimik, z. B. Ärger, Schmerz, Überraschung und in Actionfilmen Gesichtsverletzungen.
→ *We see the girl's mother in close-up. She looks worried.*

9 Extreme close-up – *Detailaufnahme*
Diese Aufnahme zeigt nur einen Teil des Gesichts, meistens die Augen oder den Mund. Sie wird auch eingesetzt, um wichtige Objekte zu zeigen, z. B. eine Waffe.
→ *The dog's jaws fill the screen in an extreme close-up as it attacks the girl.*

CAMERA ANGLE

Einstellungsperspektive

1 Straight-on angle – *Normalsicht*
Auf Augenhöhe, horizontal, als sei die Kamera ein menschliches Auge. Die gängigste Kameraeinstellung.
→ *The extreme long shot at the beginning of the film is taken at a straight-on angle as if the camera were a spectator in the park.*

2 Low angle/worm's eye view – *Untersicht/Froschperspektive*
Weit unter Augenhöhe mit einem Winkel von 45° oder mehr. Subjekte erscheinen viel größer und bedrohlicher, als sie wirklich sind.
→ *There is a low angle view of the dog as it moves slowly towards the girl. From this angle it appears to be enormous.*

3 High angle/bird's eye view – *Aufsicht/Vogelperspektive*
Weit über Augenhöhe mit einem Winkel von 45° oder mehr. Subjekte erscheinen kleiner und weniger bedrohlich, als sie wirklich sind.
→ *The camera then moves to a high angle view of worried people running across the grass towards the girl and the dog. From this (high) angle they appear to be small and panic-stricken.*

CAMERA MOVEMENT

Kamerabewegung

1 Stationary camera – *statische Kamera*

Die Kamera wird während der Einstellung nicht bewegt und die Brennweite verändert sich ebenfalls nicht. Die Kamera filmt die Szenerie wie eine Person, die das Bild regungslos und ohne optische Hilfsmittel (wie z. B. Ferngläser) beobachtet. Dies ist die gängigste und realistischste Kamerabewegung, auch die Technik der **„Fliege an der Wand"** *(fly on the wall)* genannt.

→ *The establishing shot is taken with a stationary camera to give the audience the impression of normal activity in the park.*

2 Panning – *Schwenk*

Die Kamera bleibt an einem Platz, wird aber von einer Seite zur anderen oder hoch- und runtergeschwenkt, um den Bewegungen des Subjekts zu folgen. Ähnlich bewegen sich Kopf und Augen eines Zuschauers bei einem Fußballspiel.

→ *As the dog springs at the girl, the camera pans round to the anxious mother.*

3 Travelling shot – *Kamerafahrt*

Die Kamera folgt horizontal einem sich bewegenden Subjekt, z. B. bei einer Autoverfolgungsjagd oder während eines Pferderennens.

→ *There is a long travelling shot as if the camera is running along parallel to and slightly behind the dog.*

4 Zoom – *Zoom*

Die Kamera bewegt sich nah an ein Subjekt heran, um einen Eindruck der Nähe zu schaffen, oder sie entfernt sich, um Distanz auszudrücken. Bei kurzen Entfernungen kann dies bei statischer Kameraposition durch bloßes Verändern der Brennweite erreicht werden.

→ *As the dog gets nearer, the camera zooms in on the girl to take a close-up shot.*

CAMERA AXIS

Verhältnis von Handlungsachse und Kameraachse

1 Parallel axis – *Parallelachse*

Ein Subjekt bewegt sich zur Kamera hin oder von ihr weg und tut dies mehr oder weniger auf einer geraden Linie. So fährt z. B. ein Auto auf einer geraden Straße „aus dem Bild", eine Person kommt in Richtung des Zuschauers in ein Zimmer oder die Landung eines Flugzeugs wird frontal aufgenommen.

→ *The camera employs/uses a parallel axis to show the dog moving towards the girl.*

2 Vertical axis – *Vertikalachse*

Das Subjekt wird seitlich beobachtet. Beispiele sind eine seitliche Ansicht zweier Menschen, die sich unterhalten, spazieren gehen oder sich küssen.

→ *The camera makes use of a vertical axis to show the dog preparing to attack the girl.*

TRANSITION

Einstellungskonjunktion

Wie der englische Ausdruck verrät, steckt hinter der Einstellungskonjunktion die Verbindung oder der „Transit" von einer Einstellung zur nächsten. Das heißt, mehrere Einstellungen werden zu einer Serie verbunden.

1 Cut – *harter Schnitt*

Sharp transition: von einer Einstellung zur nächsten, wie in einer Serie von Schnappschüssen.

→ *The camera cuts from the girl, who has not yet seen the approaching dog, to the anxious mother.*

NOTICE *(to) cut from … to …*

2 Jump-cut – *Schuss-Gegenschuss*

Die Einstellungen wechseln zwischen zwei oder mehr Subjekten hin und her, z. B. in einer Verfolgungsszene oder bei einem Treffen.

Schuss-Gegenschuss-Einstellungen beschleunigen die Handlung und erhöhen die Spannung. (▶ **Medium long shot,** S. 30)
→ *There is a frantic series of jump-cuts as the camera cuts back and forth between the girl, the dog and the mother, who is now runnning towards her daughter.*

3 Dissolve – *Überblendung*
Das Ende einer Einstellung geht in den Beginn der nächsten Einstellung nahtlos über, als ob die Einstellungen sich überschneiden. Das führt zu einer Verlangsamung der Handlung und zu einer Abnahme der Spannung. (▶ oben **Jump-cut**)
→ *The transition from the attack on the girl to her serious injury is in the form of a dissolving shot showing blood on the dog's mouth and on the surrounding grass.* (Adj. + Nomen)
→ *The shot of the dog attacking the girl dissolves into a shot of blood on the grass.* (Verb)

4 Fade-out – *Abblende*
Das Subjekt wird immer dunkler und weniger sichtbar, bis es schließlich ganz verschwindet. (▶ unten **Fade-in**)
→ *The shot of the blood fades out and disappears.* (Verb)
→ *The attack sequence ends with a fade-out shot of the girl's blood.* (Nomen)

5 Fade-in – *Aufblende*
Das Subjekt wird heller und erkennbarer, bis es vollständig erscheint.
→ *After the attack, the park warden's office fades in.* (Verb)
→ *The scene following the girl's injury begins with a fade-in shot to the park warden's office.* (Nomen)

EDITING

Montage

1 Scene – *Szene*

Eine Serie miteinander verbundener Einstellungen, die an einem Ort stattfinden und sich ausschließlich mit einem Ereignis oder einer Situation beschäftigen, z. B. ein Bankraub oder eine Liebesszene.

→ *The attack scene is made up of a succession of over 20 shots showing the girl, the dog and the mother.*

2 Sequence – *Sequenz*

Eine Reihe von Szenen, die eine Geschichte erzählen. Ein Film besteht aus einer Folge miteinander verbundener Sequenzen.

→ *The first sequence in the film comprises scenes of people in the park sunbathing or strolling in the park, children at play, the girl running to get the ball, the dog approaching the girl, the mother's reaction to what she sees might happen, the attack on the girl and finally the girl's serious injuries.*

3 Cross-cutting – *Parallelmontage*

Zwischen zwei oder mehr Szenen, die zur selben Zeit stattfinden (simultane Handlung), wird hin- und hergeschaltet. Ein Querschnitt steigert die Spannung und Dramatik ins Unendliche. (▶ **Jump-cut,** S. 34)

→ *In quick succession, the camera cross-cuts between the girl running to get the ball and the dog moving towards her.*

4 Flashback – *Rückblende*

Vergangene Ereignisse, die in die Gegenwart eingefügt werden, z. B. wenn sich eine Figur an ihre Kindheit erinnert. Eine Rückblende kann auch in der Form einer Traumsequenz auftreten. (▶ unten 5 + 6)

→ *When the warden is trying to persuade his boss to forbid dangerous dogs in the park, there is a flashback to the attack on the girl.*

5 Flash-forward – *Vorausblende*
Ein zukünftiges Ereignis, das in die Gegenwart eingefügt wird, z. B. wenn eine Figur an ein zentrales Ereignis denkt, das vielleicht passiert oder passieren könnte. (▸ oben **Flashback**)
→ *When the warden is trying to persuade his boss to forbid dangerous dogs, there is a series of flash-forwards to what could happen if he does not agree.*

6 Dream sequence – *Traumsequenz*
Eine Traumsequenz ist meistens eine Rückblende in einem unscharfen Rahmen. So werden oft die Gedanken und Gefühle des Subjekts bildlich dargestellt. (▸ oben **Flashback**)
→ *There is a moving dream sequence as the mother later relives the attack on her young daughter.*

4

7 Fuzzy shot – *verschwommenes Bild*
Ein verschwommenes Bild ist eine Tricktechnik, die eine klare Trennung zwischen der bildlichen Darstellung der Gedanken und Gefühle auf der einen und der greifbaren Handlung auf der anderen Seite vollzieht. Traumsequenzen sind oft durch ein verschwommenes Bild gekennzeichnet.
→ *The fact that the warden is thinking about what might happen if dangerous dogs continue to be allowed in the park is marked by the use of fuzzy shots.*
→ *Fuzzy shots are used to make it clear to the audience that the scene is about the warden's fears.*

4.5 Bilder und Filme vergleichen
Comparing pictures and films

Neben der Analyse ist ein Vergleich von Bildern oder Filme mit anderen Bildern, Filmen oder einem anderen Medium eine häufige Aufgabe im Unterricht. Merke: Jedem Vergleich geht eine ▸ Analyse (▸ S. 32 ff.) voraus. Im nächsten Arbeitsschritt werden dann Gemeinsamkeiten und/oder Unterschiede benannt und bewertet, und zwar hinsichtlich

- des Themas bzw. Motiv des Bildes/Films;
- der Situation, die im Zentrum steht;
- der Assoziationen, die hervorgerufen werden;
- der gewählten Perspektive(n);
- der Stimmung bzw. der Assoziationen, die beim Betrachter/Zuschauer hervorgerufen werden
- sowie evtl. weiterer Auffälligkeiten, z. B. hinsichtlich der Farbgebung o. Ä.

Wenn Sie einen Film mit einer Romanvorlage vergleichen sollen, müssen Sie darlegen, auf welch unterschiedliche Weise Informationen an den Leser bzw. den Zuschauer gebracht werden – die folgende Tabelle kann Ihnen dabei helfen:

Roman	Film
geschriebener Dialog prosaische Beschreibung von …	gesprochener Dialog
… Handlungsrahmen	Bilder des Handlungsrahmens
… Atmosphäre	Beleuchtung, Filmmusik
… Bewegung	Bilder der Schauspieler in Aktion
… Gestik, Mimik	Bilder der Schauspieler
… Gefühle, Gedanken	gesprochener Dialog, schauspielerische Darstellung (siehe unten)

NOTICE Einen Prosatext in einen Dialog, eine Dramenszene oder ein Drehbuch umzuwandeln, ist eine häufig gestellte kreative Schreibaufgabe. Sie wird gerne gewählt, um den Unterschied zwischen unterschiedlichen Medien zu verdeutlichen und erleichtert oft das Verständnis eines Textes bzw. einer Handlung.

Übersetzung und Mediation 5

5.1 Was versteht man unter „Übersetzung"?
What is meant by "translation"?

Heutzutage misst man im schulischen Kontext der **sinngemäßen Wiedergabe** eines englischen Textes mehr Bedeutung zu als dem genauen Übertragen englischer Wörter und Strukturen ins Deutsche. Anstatt sich also zu fragen, wie ein Satz auf Deutsch **aussieht,** sollte man eher danach fragen, wie man einen bestimmten Gedanken auf Deutsch **ausdrückt.**
Bei **Übersetzungen** ist es sinnvoll, schrittweise und systematisch vorzugehen - am besten so:

Arbeitsschritte

Die folgenden Arbeitsschritte können auf dem Weg zu einer gelungenen Übersetzung sehr hilfreich sein. Achten Sie jedoch auch hier auf heimtückische Stolperfallen.

SCHRITT 1 Wie sonst auch fangen Sie nicht sofort an zu schreiben. Lesen Sie den gesamten Text durch, um die **Kernaussage** *(core sense)* zu erfassen. Vergessen Sie nicht, dass der **Titel** *(title)* auch zum Text gehört und viel über diesen verrät.

SCHRITT 2 Lesen Sie den Text noch einmal gründlich durch. Unterstreichen oder markieren Sie Wörter, Ausdrücke und vielleicht auch Satzstrukturen, die Sie nicht verstehen.

NOTICE *"Don't use your dictionary, use your head."*

SCHRITT 3 Wenden Sie zunächst ihre **Worterkennungsfertigkeiten** *(word recognition skills)* an, um die Bedeutungen unbekannter Wörter herauszufinden. Vergessen Sie aber nicht, dass viele Wörter mehrere Bedeutungen haben. Sie dürfen ein Wort nie einzeln betrachten, da der Sinnzusammenhang die wahre Bedeutung festlegt.

SCHRITT 4 Wenn Sie den englischen Text verstanden haben, können Sie damit anfangen, ihn ins Deutsche zu übersetzen.

SCHRITT 5 Wenn Sie mit der Übersetzung fertig sind, vergleichen Sie diese unbedingt mit dem Original, um sicherzugehen, dass Sie nichts übersehen haben.

SCHRITT 6 Schließlich sollten Sie prüfen, ob Ihre Übersetzung in korrektem und verständlichem Deutsch geschrieben ist.

NOTICE

- Schreiben Sie mit doppeltem Zeilenabstand, damit Sie genug Platz für Korrekturen haben.
- Schreiben Sie vorläufige Übersetzungen mit Bleistift, um Sie später leicht verändern zu können.
- Achten Sie auch auf die im Folgenden beschriebenen Probleme mit Eigennamen und Vokabeln. Diese führen sehr oft zu Fehlern.

1 Namen – *names*

Benutzen Sie die deutschen Entsprechungen für Ländernamen, z. B. *die Vereinigten Staaten, die Türkei, Skandinavien* und *Südafrika*. Das Gleiche gilt für Institutionen wie *die Europäische Union, die Weltbank, das Rote Kreuz, die Vereinten Nationen* usw. Versuchen Sie andererseits nicht, Eigennamen zu übersetzen, für die es keine deutsche Entsprechung gibt – *Greenpeace* bleibt „Greenpeace“ und wird nicht zu „grüner Frieden“.

2 Probleme mit Vokabeln – *Problems with vocabulary*

Bei vielen Wort- und Ausdrucksfehlern handelt es sich oft um

a die Verwechslung von ähnlich klingenden deutschen und englischen Wörtern *(false friends)* und um

b englische Wortpaare, die ohnehin oft verwechselt werden *(confusables)*.

Sehen Sie sich dazu unbedingt die folgenden Listen an: ▶ 1.1 *'false friends'*, S. 6 f. ▶ 1.2, *confusables*, S. 8 ff.

3 Probleme mit englischen Satzstrukturen – *Problems with English structures*

NOTICE Passen Sie bei den folgenden englischen Strukturen besonders auf. Man kann sie nämlich nicht wörtlich ins Deutsche übersetzen.

- **Der Infinitiv** *Infinitives*
  - *Unfortunately the boss refuses* ***to pay*** *us more money.*

  → Leider weigert sich der Chef, uns mehr Geld zu bezahlen.

- **Die Verlaufsform der Zeiten** *The progressive tenses*
  - *The government* ***is building*** *a huge dam in Alaska.*

  → Die Regierung baut momentan/zurzeit einen riesigen Staudamm in Alaska.
  - *The driver* ***was using*** *a mobile phone when the accident happened.*

  → Der Fahrer benutzte (gerade) ein Handy, als der Unfall passierte.
  - *Unemployment* ***has been rising*** *steeply since 2010.*

  → Die Arbeitslosigkeit steigt seit 2010 steil an.

- **Das *going to*-Futur** *The going to-future*
  - *Unemployment* ***is going to grow.***

  → Die Arbeitslosigkeit wird (sicherlich) wachsen.
  - *BMW* ***is going to build*** *a new factory in China.*

  → BMW hat vor, eine neue Fabrik in China zu bauen.

- **Einschränkende und betonende Adverbien** *Qualifying and emphasising adverbs*

  Besonders sorgfältig müssen Sie die folgenden Adverbien übersetzen, da diese den Sinn einer Aussage verändern:
  - Adverbien der **Häufigkeit** wie *often, seldom, sometimes*
  - Adverbien des **Grades** wie *quite, rather, particularly* und
  - **Satzadverbien** wie *on the whole, generally speaking, of course,*

5

unfortunately. Prüfer/-innen achten auf die genaue Wiedergabe solcher Adverbien.

- **Das Passiv** *The passive*
  - *I'm afraid we weren't treated fairly.*

  → Leider hat man uns nicht fair behandelt.
  - *It **mustn't be forgotten** that all humans are equal in the eyes of God.*

  → Man darf nicht vergessen, dass vor Gott alle Menschen gleich sind.
  - *Shakespeare **is said to have been** only an average pupil.*

  → Man sagt, dass Shakespeare nur ein durchschnittlicher Schüler war.
  - *Bill Gates **is said to be** incredibly rich but very modest.*

  → Bill Gates soll unglaublich reich, aber sehr bescheiden sein.

- **Die indirekte Rede** *Reported speech*
  - *The accused said he **was** innocent.*

  → Der Angeklagte sagte, dass er unschuldig sei.

- **Der Relativsatz ohne Relativpronomen** *Contact clauses*
  - *In Wetter there is a **factory built** by Friedrich Harkort.*

  → Es gibt in Wetter eine Fabrik, die von Friedrich Harkort gebaut wurde.

- **Das Gerundium und das Partizip Präsens** *Gerunds and present participles*
  - *The man **going** into the bank is my neighbour.*

  → Der Mann, der gerade in die Bank geht, ist mein Nachbar.

  *Sarah loves **living** in France.*

  → Sarah lebt sehr gerne in Frankreich.
  - ***Having achieved** their aim, many soldiers left Iraq.*

  → Nachdem sie ihr Ziel erreicht hatten, verließen viele Soldaten den Irak.

5.2 Was versteht man unter „Mediation"?

What is meant by "mediation"?

Unter „Mediation" bzw. „Sprachmittlung" versteht man die Vermittlung von bestimmten Informationen aus einem längeren deutschen bzw. englischen Text in die Zielsprache. In Prüfungen sind die zu vermittelnden Informationen meist hervorgehoben.

NOTICE Bei der Mediation geht es ausschließlich um die **Vermittlung von Inhalten** von der einen Sprache in die andere. Eine **wörtliche Übersetzung** ist **nie** gefragt.

Arbeitsschritte

SCHRITT 1 Die Aufgabenstellung wird im Deutschen verfasst. Lesen Sie sich diese durch.

SCHRITT 2 Zunächst lesen Sie den gesamten Text extensiv zum **Grobverständnis** *(skimming for gist)*. (▶ 2.3, S. 21 ff.)

SCHRITT 3 Lesen Sie sich alle hervorgehobenen Abschnitte gründlich durch.

SCHRITT 4 Konzentrieren Sie sich jetzt der Reihe nach auf die markierten Stellen. Machen Sie Kurznotizen in der Originalsprache.

SCHRITT 5 Kontrollieren Sie Ihre Notizen. Haben Sie sämtliche Punkte abgedeckt? Sind auch überflüssige Punkte dabei?

SCHRITT 6 Abschließend schreiben Sie den Text in der Zielsprache.

Weitere Hinweise zur Sprachmittlung

Wenn es um Sprachmittlung geht, ist es auch immer von Bedeutung, die gesamte Situation, in der eine Kommunikation stattfindet, zu berücksichtigen. Passen Sie – natürlich mit Fingerspitzengefühl! – die Aussage eines Textes bzw. einer Kommunikationssituation an:

Berücksichtigen Sie die **Situation:**

- Wenn Sie bei einem offiziellen Ereignis einspringen und z. B. die Rede des Bürgermeisters wiedergeben sollen, verwenden Sie eine formale Sprache und einen gehobenen Wortschatz. Dagegen sollten Sie kurze, klare und knappe Sätze nutzen, wenn sie z. B. in einer Notfallsituation helfen müssen (= formal vs. informal).
- Nutzen Sie weitgehend neutrale Formulierungen, die ohne negative Konnotationen auskommen. Sie können so ggf. Aggressive Situationen entschärfen.

Bewahren Sie **Augenmaß:**

- Konzentrieren Sie sich auf die Kernaussagen. Verzetteln Sie sich nicht!
- Verzichten Sie auf unwichtige Details, aber ergänzen Sie unbedingt wichtiges Hintergrundwissen, z. B. hinsichtlich von Zeitverschiebungen, jahreszeitlichen oder kalendarischen Unterschieden, Nationalfeiertagen usw.

Berücksichtigen Sie **kulturelle Normen:**

- Wählen Sie korrekte Übersetzungen von sprachlichen Bildern, z. B. „Andere Länder, andere Sitten" für „When in Rome, do as the Romans do" usw.
- Nutzen Sie die richtigen Gruß- und Höflichkeitsformeln, insbesondere in gesprochenen Situationen.

NOTICE Formulierungen und Ausdrucksweisen können hinsichtlich der dargelegten Meinung (opinion) und/oder in Bezug auf die Wortwahl abgemildert werden:

Eine Meinung wiedergeben:
Stellen Sie einen Kritikpunkt nicht als allgemein gültig dar, sondern als die Meinung einer Gruppe bzw. einer Einzelperson. Machen Sie deutlich, dass Sie z. B. den Standpunkt eines Autors wiedergeben:

- “The author comes to the conclusion that …”
- “To him/her it seems logical that …”
- “If we consider the political slant of the newspaper it does not really come as a surprise that …”

Worte neutral wählen:
Vermeiden Sie Begriffe und Ausdrücke, die einen negativen Beiklang haben. Außerdem nimmt das *present progressive* vielen Formulieren ihre Schärfe!

- “a regime” → “an administration”
- “a criminal act” → “an act not in accordance with the law”
- “this regime acts in a totalitarian way” → “In this respect, the country *is* absolutely *not acting* the way a free and democratic state should”

NOTICE Achten Sie bei der Sprachmittlung immer darauf, die Originalaussage beizubehalten!

6 Textanalyse

NOTICE Es kommt selten vor, dass ein Sachtext rein informativ, instruktiv, argumentativ usw. ist. In der Regel können wir aber einen deutlichen Schwerpunkt ausmachen. Ein **Zeitungsbericht** *(press report)* kann zum Beispiel gewisse wertende Elemente enthalten, obwohl die Hauptabsicht ist, den Leser über ein Ereignis oder eine Situation zu informieren bzw. aufzuklären.

6.1 Informative Sachtexte
Informative texts

Die Intention eines Sachtextes besteht darin, Informationen über ein Thema ohne Kommentar zu vermitteln. Typische Beispiele sind **Zeitungsberichte** *(press reports)*, **Sitzungsprotokolle** *(minutes of meetings)* und **Informationsbroschüren** *(information brochures)*.
Informative Texte vermitteln konkrete Tatsachen, die alle oder einige der sechs Fragen: **Wer?** *(Who?)*, **Was?** *(What?)*, **Wo?** *(Where?)*, **Wann?** *(When?)*, **Wie?** *(How?)* und **Warum?** *(Why?)* beantworten. In Zeitungsberichten – der am weitesten verbreiteten informativen Textart, die in der Schule eingesetzt wird – werden häufig **direkte Zitate** *(direct quotations)* und **Augenzeugenaussagen** *(eye-witnesses' statements)* verarbeitet.

TRANSFER Suchen Sie sich in einer englischsprachigen Zeitung, die sie jederzeit im Internet aufrufen können, einen beliebigen Zeitungsartikel, der sie interessiert. Lesen Sie diesen gründlich durch, und beantworten Sie dann in Stichworten die oben aufgelisteten W-Fragen.

6.2 Erläuternde Sachtexte
Expository texts

Die Absicht eines erläuternden Textes ist, einen Vorgang, ein **Vorhaben** *(plan)* oder eine Situation anhand von konkreten Fakten und Einzelheiten objektiv und **wertfrei** *(unbiased)* darzustellen und zu erklären. Typische Beispiele sind **Zeitungsreportagen** *(feature articles)*, **Dokumentarberichte** *(documentaries)* sowie **technische** und **naturwissenschaftliche Texte** *(technical and scientific texts)*.

6.3 Beschreibende und erzählende Sachtexte
Descriptive and narrative texts

Ein beschreibender und erzählender Sachtext ist ein informativer Text, der eine **chronologische Reihenfolge von Ereignissen** *(chronological sequence of events)* darstellt. Es wird durchweg das *past tense*, meist das *simple past* verwendet. Gelegentlich wird auch das *past progressive* eingesetzt: *He was doing this when something happened.* Wörter und Ausdrücke wie *to begin with, firstly/secondly …, then, after that, later on, subsequently, as a result of this, finally* usw. werden benutzt, um den zeitlichen Ablauf darzustellen.

6.4 Instruktive Sachtexte
Instructive texts

Ein instruktiver Text gibt dem Leser Handlungsanweisungen, um ein gegebenes Ziel zu erreichen. Typische Beispiele dieser Art Text sind **Ratgeber** *(guides, how to-books)*, **Kochbücher** *(cookbook/cookery books)* und **Gebrauchsanweisungen** *(instructions for use, users' manuals)*.

Sprachlich zeigen solche Texte folgende Merkmale:
- Anwendung des **Imperativs** (Befehlsform)
- Gebrauch des **Präsens** *(simple present)*
- Anwendung von **Partizip- und Infinitivstrukturen** *(participle and infinitive constructions)*, um **Relativsätze** *(relative clauses)* zu vermeiden
- Anwendung des **Passivs**, um zu beschreiben, was mit einem Gegenstand geschieht
- Gebrauch von **Auflistungen** *(enumeration)*
- Gebrauch von **Grafiken und Bildern** *(graphics and illustrations)*
- Einsatz von **drucktechnischen Mitteln** *(printing techniques)* wie **Fettdruck** *(bold print)*, **Großbuchstaben** *(capitals)*, **Kursivdruck** *(italic print)* usw.

TRANSFER Schau dir eine beliebige Bedienungsanleitung, z. B. von deinem Smartphone, deiner Kamera oder einem anderen Gerät gründlich an: Welche Besonderheiten hinsichtlich Drucktechnik usw. fallen dir auf? Überlege auch: Ist die Bedienungsanleitung verständlich? Wenn ja, warum – helfen dir Bilder oder Grafiken? Wenn nicht, überlege, was fehlt!

6.5 Argumentative Sachtexte
Argumentative texts

Die Absicht eines argumentativen Textes ist es, sich mit einem umstrittenen Thema reflektiert auseinanderzusetzen und dabei eine Position zu stärken. Typische Beispiele für solche Texte sind **Leitartikel** *(editorial / leading article)*, **Leserbriefe** *(letters to the editor)*, **politische Reden** *(political speeches)* und **Aufsätze** *(essays)*.

Normalerweise besteht ein argumentativer Text aus drei Teilen. Diese sind:

- **Einführung** – *introduction*

Zunächst nennt der Autor das Thema bzw. den Anlass oder den Hintergrund seines Textes. Außerdem formuliert der Verfasse seine eigene Meinung bzw. Position in der Sache.

- **Mittelteil** – *development*

Im Mittelteil werden die **Argumente und Beweise** *(arguments and evidence)* für die Position des Autors vorgebracht. Wenn das Thema besonders umstritten ist (wie z. B. das Thema selbstfahrendes Auto oder die Frage nach der Rechtmäßigkeit von Abtreibung oder Euthanasie), dann kann der Mittelteil in zwei Abschnitte unterteilt sein, die beispielsweise mit **Mittelteil I** *(Development I)* und **Mittelteil II** *(Development II)* beschrieben werden. **Mittelteil I** *(Development I)* enthält allgemeine Argumente gegen die Ansicht des Verfassers („Kontra-Argumente" oder „Kontra"), während **Mittelteil II** *(Development II)* die Argumente für die Ansicht des Verfassers anführt („Pro-Argumente" oder „Pro").

- **Schlussfolgerung** – *conclusion*

Der letzte Absatz besteht aus einer Wiederholung der eigenen Position, oft mit einer Zusammenfassung der wichtigsten Gründe, die zu dieser Meinung geführt haben.

6.6 Appellative Sachtexte

Persuasive texts

Der geläufigste appellative Text, also ein Text mit Aufforderungscharakter, ist die **Werbeanzeige** *(advertisement* oder *ad)*. Hier steht die Absicht im Vordergrund, den Betrachter, also den potenziellen Käufer, dazu zu bringen, sich für ein bestimmtes Produkt zu entscheiden. Solche Anzeigen weisen natürlich auch **informative Elemente** *(informative elements)* auf, aber das eigentliche Ziel ist nicht, objektiv zu informieren, sondern von einem Produkt zu überzeugen. Es ist die Kunst eines **Werbetexters** *(copywriter / ad writer)*, **überzeugende Elemente** *(persuasive elements)* unterschwellig und fast versteckt arbeiten zu lassen und dabei auf die Wünsche und Bedürfnisse *(needs)* der potenziellen Käufer einzugehen.

Appellative Texte zeigen folgende sprachliche Merkmale:

- Anwendung des Imperativs (Befehlsform)
- Anwendung von Fragen, die sich direkt an den Leser richten
- Anwendung von informeller Sprache, z. B. **Kurzformen** *(short forms)* sowie von **Slogans**
- Gebrauch von **Wiederholung** *(repetition)*
- Gebrauch von **Auflistungen** *(enumeration)*
- Gebrauch von emotionaler, bildhafter Sprache *(imagery)* und von Übertreibung *(exaggeration, hyperbole)*, z. B. mithilfe **starker Adjektive** *(strong adjectives)*
- Gebrauch von **Grafiken und Bildern** *(graphics and illustrations)*
- Einsatz von **Großdruck** *(large print)*, **Fettdruck** *(bold print)*, **Kursivdruck** *(italic print)*, **Spiegelstrich** *(dash)* usw.
- Information zur **Bezugsquelle** *(source of supply)*

6.7 Kurzgeschichten

Short stories

Vokabular	*Vocabulary*
Höhepunkt	*climax*
Person	*character*
▸ S. 83 Charakterisierung	
Hauptperson	*main character*
Nebenperson	*minor character*
Konflikt	*conflict*
▸ S. 84 Handlung	
Konfliktsituation	*conflict situation*
Konfliktlösung	*resolution of a conflict*
Episode	*episode*
kurze Episode	*brief episode*
Ereignis	*event*
Kette von Ereignissen	*chain of events*
Schlüsselereignis	*key event*
Einleitung	*exposition*
Umfang	*length*
Handlung	*plot*
▸ S. 84 Handlung	
aktive Handlung	*action*
Handlungslinie	*storyline*
Erzählperspektive	*point of view*
▸ S. 80 ff. Erzählperspektive	
Handlungsort, Kulisse	*setting*
▸ S. 76 ff. Handlungsort	
Raum	*space*
begrenzter Raum	*limited space*
Spannung	*tension*
steigende Spannung	*rising tension*
abnehmende Spannung	*falling tension*
Lösung der Spannung	*release of tension*
Spannungslinie	*tension line*
Auflöser	*trigger*
Wendepunkt	*turning point*

▸ Vokabular S. 61, 72, 76, 86

Obwohl Kurzgeschichten sehr **vielfältig** *(diverse)* sind, zeigen die meisten davon gewisse **typische Merkmale** *(common features)*.

Die Form von Kurzgeschichten

- Bei den meisten Kurzgeschichten handelt es sich um eine kurze Episode, die im Leben der **Hauptperson(en) von entscheidender Bedeutung** *(of decisive importance)* ist. Daher werden Kurzgeschichten oft mit einem Schnappschuss verglichen.
- Meist kommen ein bis zwei Hauptpersonen vor. Sehr oft befasst sich die Geschichte nur mit einer Person und ihrer **Realitätswahrnehmung** *(perception of reality).*
- Wenn **Nebenpersonen** eingesetzt werden, so agieren sie normalerweise als Zuhörer bzw. Auslöser.
- Meist dauert die **Handlung** nur ein paar Stunden.
- Gewöhnlich findet die Handlung auf **begrenztem Raum** statt, z. B. in einem Zimmer oder in einem Garten.
- Ein weitreichender **Szenenwechsel** *(change of scene)* kommt in Kurzgeschichten nur selten vor.
- Eine Kurzgeschichte bewegt sich auf einen **Höhepunkt** und einen dadurch ausgelösten **Wendepunkt** hin.

Die Struktur von Kurzgeschichten

Kurzgeschichten setzen sich meist aus **vier Teilen** zusammen *(… can **fall into/be divided into** four parts/sections)*:

1 In der **Einleitung** *(exposition)* stellt der Autor den Handlungsort der Geschichte dar und stellt die Hauptperson(en) vor.
NOTICE Autoren verzichten manchmal auf eine Einleitung. Die Handlung beginnt „mittendrin".

2 Unmittelbar nach der Einleitung folgt ein längerer Teil, der von **steigender Spannung** *(rising tension)* gekennzeichnet ist. Der Autor beschreibt eine **Schlüsselsituation** bzw. ein Schlüsselereignis im Leben der Hauptperson(en). In den meisten Fällen führt dann eine Kette von Ereignissen zu einer stufenartigen Steigerung der Spannung.

3 Der **Höhepunkt** einer Kurzgeschichte wird erreicht, wenn die Konfliktsituation, in der sich die Hauptperson(en) befindet(n), gelöst wird. Diese Lösung stellt einen **Wendepunkt** im Leben der Person(en) dar.

4 Der vierte und abschließende Abschnitt einer Kurzgeschichte ist oft durch eine sehr abrupt **abnehmende Spannung** gekennzeichnet.

Sie können die Struktur einer Kurzgeschichte gut anschaulich machen, indem Sie eine **Spannungskurve** *(tension line)* – wie unten abgebildet – anfertigen.

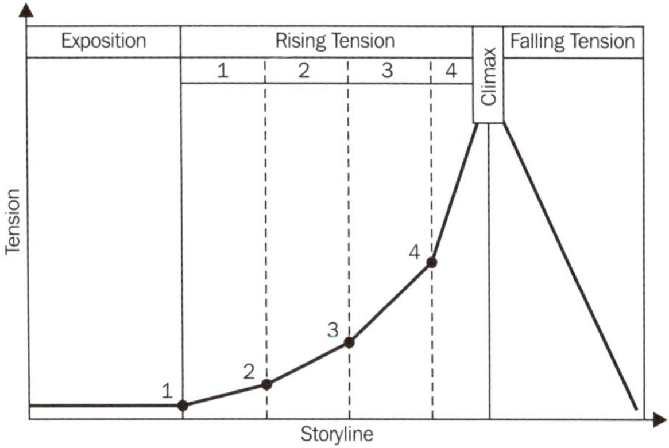

Die horizontale Achse stellt die **Handlungslinie** *(storyline)* dar, die vertikale Achse beschreibt die Spannung.
Die **Kopfleiste** *(heading)* zeigt die vier Abschnitte der Handlung. Die Punkte 1–4 auf der Spannungskurve zeigen die Schlüsselereignisse an, die eine zunehmende Spannung erzeugen. Der Gipfel der Kurve stellt den Höhepunkt und den darauf folgenden Wendepunkt dar. Danach fällt die Kurve steil ab.

6.8 Gedichte

Poems

Vokabular	*Vocabulary*
Poesie	poetry, verse
Gedicht	poem
episches Gedicht	epic poem
Liebesgedicht	love poem
lyrisches Gedicht	lyrical poem, lyric
erzählendes Gedicht	narrative poem
satirisches Gedicht	satirical poem
Dichter/-in	poet
Reim	rhyme
Reimschema	rhyme scheme
Kreuzreim	cross-rhyme
Endreim	end-rhyme
interner Reim	internal rhyme
Reimpaar	rhyming couplet
Rhythmus	rhythm
Metrik	metre
Hebung	stress
Hebungsmuster	stress pattern
gleichmäßige Hebung	regular stress
ungleichmäßige Hebung	irregular stress
Strophe	stanza, verse

Merkmale eines Gedichts

Traditionell ist ein Gedicht durch **formale Merkmale** *(formal features)* wie **Reimschema, Rhythmus, Metrik** und eine charakteristische äußere Form gekennzeichnet.

Das **Reimschema** wird mit Buchstaben dargestellt. Gleich klingende Endreime erhalten den gleichen Buchstaben. In der folgenden Gedichtstrophe von Edward Lear sieht das Reimschema so aus: A – B – C – B – D – E – D – E – E – E – E

The Owl and the Pussy-Cat	
The Owl and the Pussy-Cat went to sea	internal rhyme:
In a beautiful pea-green boat:	*sea – pea*
They took some honey, and plenty of money	*honey – money*
Wrapped up in a five-pound note.	end-rhyme:
The Owl looked up to the stars above,	*boat – note*
And sang to a small guitar,	*above – love*
"O lovely Pussy, O Pussy, my love,	*guitar – are*
What a beautiful Pussy you are,	
You are,	
You are!	
What a beautiful Pussy you are!"	
(Edward Lear)	

Der **Rhythmus** eines Gedichtes ist durch die Metrik, also das **Hebungsmuster** *(stress pattern)* der Zeilen, bestimmt.
In der **Literaturwissenschaft** *(literary criticism)* wird das **Versmaß** eines Gedichtes mit technischen Begriffen wie z. B. *iambic pentameter* bezeichnet.
Hier ist es aber wichtiger, die unterschiedliche Auswirkung einer gleichmäßigen Hebung und einer ungleichmäßigen Hebung zu erkennen.
Meistens haben traditionelle Gedichte eine gleichmäßige Hebung. Dies erzeugt ein Gefühl der Vorwärtsbewegung und eines ungestörten Ablaufs.

Viele moderne Gedichte dagegen haben eine ungleichmäßige Hebung. Diese bringt ungewöhnliche Gedanken und Perspektiven besser zum Ausdruck.

NOTICE Bei dem englischen Wort **„lyrics"** handelt es sich um die Übersetzung für den deutschen Begriff „Liedtext". Auch wenn sich über die Frage, ob Songtexte Literatur sind, trefflich streiten lässt – wenn man sich mit ihnen genauer befasst, wird man schnell feststellen, dass die Worte sehr bewusst ausgewählt sind und hinter einer Textpassage oft ein tiefsinniger Hintergrund steht. Musiker gehen jedenfalls oft sehr kreativ mit Sprache um, erfinden neue Wörter und machen sich Reimschemata zunutze, um Inhalte zu betonen. Deshalb gilt: Songtexte können genauso wie ein Gedicht analysiert werden, und haben auch oft eine Botschaft an die Zuhörer/-innen, die es zu entschlüsseln und zu verstehen gilt.

AUFGABE Suchen Sie in Ihren Unterlagen nach Beispielen für die verschiedenen Rhythmen und Hebungsmuster!

Hier einige Formulierungshilfen für die Gedichtanalyse:

- **Discussing the subject matter**
  - The poem/song deals with/is about/describes the feeling of …
  - In the poem the speaker thinks about/remembers a situation when …
  - The event which the poem/song describes takes place in …
  - The poem/song is addressed to …

- **Discussing the mode of presentation**
  - The poem/song can be divided into … parts
  - The first part/stanza describes …
  - The poem/song becomes more and more thoughtful.
  - The poem/song moves towards a climax.
  - The poet's/songwriter's attitude towards the theme is …
  - The poet/songwriter uses an image/a metaphor/a simile in line … in order to show …
  - The poem creates a sad/happy/thoughtful mood.

- **Discussing the effect of the performance**
  - The rhythm is fast/slow/monotonous/smooth/lively/flowing.
  - The singer's voice is high/deep/low/faint. It underlines the happy/sad/aggressive tone of the song.

- **Discussing the message**
  - The poem/song wants to express/to protest against/to ask for/to persuade the listener to …

6.9 Dramen
Plays

Vokabular	***Vocabulary***	
Theater und Bühne	***theatre and stage***	
Bühnenarbeiter/-in	*stage-hand*	
Bühnenbeleuchtung	*stage lighting*	
Bühnenbild	*stage design, set*	
Bühnenbildner/-in	*stage/set designer*	
Inspizient/-in	*stage manager*	
Intendant/-in	*theatre manager, artistic director*	
Kulissen	*scenes*	nur im Plural!
Orchestergraben	*orchestra pit*	
Parkett	*stalls*	
Prospekt*	*backcloth, backdrop*	
Publikum	*audience*	
Requisiten	*props*	nur im Plural!
Requisiteur/-in	*property manager*	
Vorhang	*curtain*	
Zuschauer/-in	*spectator*	
Zuschauerraum	*auditorium*	

* Unter „Prospekt" versteht man im Theater den perspektivisch gemalten Hintergrund einer Szene.

Vokabular	***Vocabulary***	
Theaterstücke	***plays***	
Akt	*act*	
Bewegung	*movement*	
Bühnenanweisungen	*stage directions*	nur im Plural!
Bühnenbearbeitung	*stage adaptation*	
Bühnenstück	*play*	
Auflösung	*denouement*	
Dialog	*dialogue*	
Drama	*drama*	
Dramatiker	*playwright, dramatist*	Schreibweise!
Geräuscheffekt	*sound effect*	
Gesichtsausdruck	*facial expression*	
Gestik	*gesture*	
Inszenierung	*production of play, direction of actors*	
Katastrophe	*catastrophe*	

6

Vokabular	*Vocabulary*	
Komödie	*comedy*	
Konflikt	*conflict*	
Konfliktlösung	*resolution of a conflict*	
Konfliktsituation	*conflict situation*	
Monolog	*monologue*	
Regisseur/-in	*director*	
Rolle	*part, role*	
Sprechende Rolle	*speaking part*	nicht ~~role~~!
Nichtsprechende Rolle	*non-speaking part*	nicht ~~role~~!
Schauspieler/-in	*actor*	beide Geschlechter
Souffleur, Souffleuse	*prompter*	
Statist/-in	*extra, walk-on part*	nicht ~~role~~!
Szene	*scene*	
Theaterstück	*play*	
Tragödie	*tragedy*	

Äußere Merkmale eines Theaterstücks

Der Zuschauer eines Theaterstückes kann Informationen aus vier Quellen erhalten:

- **gesprochener Dialog** — *spoken dialogue*
- **Bewegung, Gestik, Gesichtsausdruck** — *mime, gesture, facial expression*
- das **Bühnenbild** — *stage design*
- (u. U.) **Begleitmusik** — *accompanying music*

Aus dem gesprochenen Dialog und den Bewegungen (inklusive Gestik und Mimik) der Schauspieler ergeben sich die **Charakterisierung** (▶ S. 83) und die **Handlung** (▶ S. 84 ff.).

Das Bühnenbild stellt den Handlungsort dar. ▶ S. 76 ff. Die **Bühnenanweisungen** des Dramatikers hinsichtlich **Ausdrucksweise** *(mode of expression)* und der Art und Weise der Bewegung der Schauspieler werden im Text in Klammern und einer anderen Schriftart angegeben.

In der Regel werden Theaterstücke in Akte und diese wiederum in **Szenen** unterteilt. (▶ unten **Die innere Struktur**)

Die innere Struktur eines Theaterstücks

Viele fiktionale Texte befassen sich mit der Darstellung, der Weiterentwicklung und schließlich mit der Lösung eines **Konfliktes** (▶ S. 88). Bei vielen Theaterstücken spiegelt die äußere Unterteilung des Stückes in Akte (s. unten) diese **Entwicklungslinie** *(line/path of development)* wider. Bei einem klassischen Theaterstück von fünf Akten sieht das Verhältnis zwischen der äußeren und inneren Struktur etwa so aus:

ERSTER AKT **Einleitung** *(exposition)*: Vorstellung der Hauptpersonen und des Handlungsortes; erste Andeutung der Konfliktsituation

ZWEITER AKT **Zunehmende Spannung** *(rising action)*: Der Konflikt nimmt an Schärfe zu; andere Personen werden hineingezogen und bilden entgegengesetzte Gruppen.

DRITTER AKT **Höhepunkt** *(climax)*: Der Konflikt erreicht seinen Höhepunkt.

VIERTER AKT **Abnehmende Spannung** *(falling action)*: Die Konfliktsituation verliert an Schärfe, bleibt aber bestimmend. Zu diesem Zeitpunkt ist es immer noch nicht klar, wie die Geschichte zu Ende gehen wird.

FÜNFTER AKT **Lösung des Konfliktes** *(denouement)*: Je nach Art des Stückes gibt es hier verschiedene Möglichkeiten. Bei klassischen Tragödien – wie z. B. bei Shakespeares *Hamlet* oder *Macbeth* – stellt die Lösung des Konflikts immer eine vernichtende Katastrophe dar. Bei Komödien dagegen handelt es sich um eine glückliche Lösung des Konfliktes, der sich oft als ein Missverständnis oder eine Verwechslung entpuppt. Danach gibt es natürlich das berühmte *Happy Ending*.

6.10 Romane
Novels

Vokabular	*Vocabulary*
Erzähler, Beobachter	*narrator*
allwissender Beobachter	*omniscient third person narrator*
außenstehender Beobachter	*limited third person narrator*
Ich-Erzähler	*first person narrator*
typenhafter Charakter ohne Entwicklung	*flat character*
vielschichtiger Charakter mit vielschichtiger Entwicklung	*round character*
Kapitel	*chapter*
Nebenhandlung	*sub-plot*
Romanautor/-in	*novelist*
Rückblende	*flashback*

▸ Ergänzung zum Vokabular S. 55 f., 72, 76, 84

Merkmale eines Romans

Ein Roman ist ein längeres fiktionales Prosawerk. Normalerweise beschäftigt sich ein Roman in einem längeren Zeitraum mit mehreren Hauptpersonen, ihrem **sozialen Umfeld** *(social environment* oder *milieu),* ihren Handlungen und ihren **zwischenmenschlichen Beziehungen** *(interpersonal relationships).* Ein Romanautor benutzt viele **Nebenpersonen** *(flat characters),* häufige **Szenenwechsel** *(changes of scene),* Nebenhandlungen und Rückblenden, um die Hauptpersonen zu charakterisieren und **um die Handlung realistisch erscheinen zu lassen** *(to make the plot realistic).*

Die Handlung kann entweder aus der Sicht eines Ich-Erzählers oder eines Beobachters beschrieben werden. Der Beobachter kann entweder als ein **allwissender Erzähler** oder als ein nur am Rande beteiligter oder ganz **außenstehender Beobachter** auftreten. (▸ **Erzählperspektive,** S. 80 ff.)

6.11 Formelle Reden

Formal speeches

Vokabular	*Vocabulary*
Redner	*speaker*
Rednerpult	*lectern*
Zuhörer/-in	*listener*
Zuhörerschaft	*audience*
Anlass	*occasion, motive*
festlicher Anlass	*festive occasion*
Beweggrund	*reason (for doing sth)*
Absicht	*intention*
Ansatz	*approach*
argumentative Rede	*argumentative speech*
bewertende Rede	*evaluative speech*
politische Rede	*political speech*
Predigt	*sermon*
Gedenkrede	*memorial address*
Jubiläumsrede	*anniversary speech*
Grabrede	*eulogy, funeral oration*
Überredungskunst	*persuasive power(s)*
umstrittenenes Thema	*contentious/controversial topic*
ein Argument vortragen	*(to) present an argument*
eine Meinung betonen	*(to) emphasise an opinion*
ein Gegenargument entschärfen	*(to) defuse a counter-argument*
Einführung	*introduction*
Mittelteil	*development*
Argumente und Beweise	*arguments and evidence*
Kontraargumente	*counter-arguments*
Proargumente	*positive arguments, arguments in support*
schwaches Argument	*shaky argument*
überzeugendes Argument	*convincing argument*
weiteres Argument	*additional reason*
Schlussfolgerung	*conclusion*
zu einer Schlussfolgerung kommen	*(to) arrive at/come to a conclusion*
Wiederholung	*repetition*
wiederholen	*(to) repeat*
Zusammenfassung	*summary*
zusammenfassen	*(to) summarise*
wichtiger Grund	*important/key reason*

6

Merkmale einer formellen Rede

Beispiele für formelle Reden sind:

- wichtige politische Reden, besonders wenn es sich um Grundsatzfragen handelt
- Reden bei festlichen Anlässen, z. B. bei der Verleihung von bedeutenden Preisen und Orden
- **Predigten** *(sermons)*
- **Gedenkreden** *(memorial addresses)*
- **Jubiläumsreden** *(anniversary speeches)*
- Solche Reden verwenden die **formellste Ebene der gesprochenen Sprache** *(the most formal level of spoken language)* mit folgenden Merkmalen
- gehobener Stil, oft mit vielen **Fremdwörtern** *(words of foreign origin)*
- Vermeidung von **Kurzformen**
- Häufiger Gebrauch des **Partizips** an Stelle eines Relativsatzes (ausführlicher ▸ **7.1 Formeller/Gehobener Stil,** S. 70).

Politische Reden *(political speeches)*

In Prüfungen kommen sehr oft politische Reden über ein umstrittenes Thema vor. Im Grunde sind solche Reden wie argumentative Texte (z. B. ein Leitartikel aus einer seriösen Zeitung) in gesprochener Form und zeigen dieselbe Struktur, also Einleitung, Mittelteil und Schlussfolgerung (▸ **6.5 Argumentative Sachtexte,** S. 53).

Sprachliche Merkmale politischer Reden

- einfache, nicht zu lange Satzgefüge, denen man gut folgen kann
- einprägsame Wiederholungen *(repetitions)*
- rhetorische Fragen *(rhetorical questions)* zur Hervorhebung oder als überzeugendes Element
- bildhafte Sprache *(imagery)*

Literarische Gestaltungsmittel 7

7.1 Sprachgebrauch und Stilmittel
Use of language and stylistic devices

Schriftsteller benutzen Sprache und Stilmittel unterschiedlich, um sich verständlich und anschaulich auszudrücken.
Unter Sprachgebrauch verstehen wir
- a **Wortwahl** und
- b **Stil,** z. B. formell oder umgangssprachlich.

Stilmittel ist ein Sammelbegriff für bestimmte sprachliche Mittel, wie z. B. Vergleich, Auflistung und Übertreibung.

Wortwahl

Vokabular	*Vocabulary*
hervorhebende, betonende Sprache	*emphatic language*
Mittel der Hervorhebung	*means of emphasis*
bildhafte Sprache	*metaphorical language*
derbe Sprache	*coarse language*
formelle Sprache	*formal language*
informelle Sprache	*informal language*
gefühlsbetonte Sprache	*emotive language*
gesprochene Sprache	*spoken language*
Schriftsprache	*written language*
Gesprächsmittel	*conversational device*
Sprachebene	*level of language*
Sprachgebrauch	*usage*
Stil	*style*
Umgangssprache	*colloquial language*
unpersönliche Sprache	*impersonal language*
Unterhaltung	*hier: conversation*
Wortschatz	*vocabulary*
Wortwahl	*choice of word*

Gefühlsbetonte Sprache *(emotional language)*
Vor allem in den Massenmedien, in Leserbriefen, in der Werbung und in politischen Reden wird bewusst eine gefühlsbetonte Sprache verwendet, um Interesse zu wecken und zu erhalten. In erster Linie ist eine solche Sprache durch den Gebrauch von starken Adjektiven und Adverbien *(reinforcers)* geprägt.
Hier ein Beispiel aus einem Leserbrief über das Schicksal von Kindern australischer Ureinwohner:

> SIR – As an Australian living in London I was really disgusted by your report about the awful fate of Aborigine children kidnapped from their natural parents at birth to be brought up as so-called civilised Europeans in white families and institutions. What made me explode was that your report was nothing more than a cowardly attempt to whitewash a truly horrifying event in Australia's, and Britain's, history. (…)

Betonende Sprache *(emphatic language)*
Hervorhebende sprachliche Mittel *(means of emphasis)* werden häufig gebraucht, um einer Argumentation bzw. Begründung Nachdruck zu verleihen. Solche Mittel sind z. B.

1 Ausdrücke wie *Good heavens, What on earth …?* usw.

2 Gebrauch von derben Wörtern wie *bloody, bugger* usw.

3 Anwendung von *do* in bejahten Sätzen, z. B. *Even those who* ***do go*** *on foreign holidays take little interest in the local culture.*

4 Anwendung von *self*-Pronomen, z. B. ***The driver*** *wasn't hurt in the accident that* ***he himself*** *had caused.*

5 Gebrauch von *It is/was* + Nomen + Relativpronomen am Satzanfang, z. B. ***It was Mary who*** *told me that silly story.*

6 Gebrauch von *-ever*, um Fragewörter zu betonen, z. B. ***Whatever*** *are you talking about?* ***However*** *did you get that idea?* ***Whoever*** *told you such a thing?*

7 Anwendung von Adverbien des Ortes, der Zeit und der Häufigkeit am Satzanfang, z. B. *There are four political parties in England.* ***In Scotland and Wales*** *there are five. Mary usually comes home at about six.* ***On Fridays*** *she has to work late.*

NOTICE Betonende, eine Aussage verstärkende Ausdrücke und derbe Wörter (wie hier unter 1. und 2.) werden meist dialogisch verwendet, also in der schriftlichen Wiedergabe von gesprochener Sprache.

Bildhafte Sprache *(metaphorical language)*

Im Englischen wird sehr häufig bildhafte Sprache (▸ **Stilmittel,** S. 73) verwendet. In den Medien kommen die „Bilder" oft aus der Welt des Sports und – leider – des Kriegs. Hier ein Beispiel:

In the House of Commons yesterday, John Harper, the militantly anti-European MP for South Wessex, attacked the government on Europe. Speaking directly to the Prime Minister, Mr Harper said that it was time to give up "retreating from the trenches" and "surrendering ground to the army of Brussels bureaucrats". The government should "launch a massive offensive" against the EU and "bring up the big guns to defend British sovereignty".

Unpersönliche Sprache *(impersonal language)*

Bei manchen Textsorten, z. B. bei Leitartikeln in der seriösen Presse, formellen Berichten, Vorträgen usw., wird eine maßvollere, sachlichere, „unpersönlichere" Sprache gewählt.

Solche *impersonal language* ist durch die folgenden Merkmale gekennzeichnet:

1 Vermeidung von *conversational devices* wie Kurzformen und Bestätigungsfragen

2 Gebrauch des Passivs, z. B. *Smoking in public places such as airports has been forbidden in many countries.* Oder: *The oil giant, BP, is being prosecuted by the US government for „gross negligence"* (grobe Fahrlässigkeit).

3 Gebrauch des unpersönlichen Passivs, z. B. *It is said (that) the minister will resign tomorrow.* Oder: *It was once thought that the sun orbits the earth.*
4 Gebrauch des persönlichen Passivs, z. B. *The firm is said to have got a big order from China.* (▶ auch **Formeller Stil,** S. 70)

Stil *(style)*
In allen Sprachen wird zwischen einem informellen (umgangssprachlichen) Stil und einem formellen Stil unterschieden. In manchen Sprachen sind diese Sprachebenen durch Regeln gekennzeichnet, wie z. B. das Siezen und Duzen im Deutschen. Das Englische dagegen kennt keine so deutliche Trennung von Stilebenen.
Trotzdem kommen im Englischen Wörter und Strukturen vor, die eher in formellen Situationen gebraucht werden. Ebenso wichtig ist eine ganze Reihe von Wörtern und Sprachanwendungen, die in solchen Situationen vermieden werden sollten. Abgesehen von privaten E-Mails, SMS-Nachrichten und Nachrichten in sozialen Netzwerken ist die Schriftsprache generell formeller als die gesprochene Sprache.

Formeller/Gehobener Stil *(formal style)*
Ein gehobener Stil ist durch folgende Merkmale gekennzeichnet:
1 Anwendung eines gehobenen Wortschatzes, der oft romanischen Ursprungs ist, wie z. B.:
- ***arrived at** the office* statt ***got to** the office*
- *the meeting **commenced*** — *the meeting **began***
- ***contravened** the law* — ***broke** the law*
- ***enquired** about rooms* — ***asked** about rooms*
- ***repaired** the damage* — ***fixed** the damage*
- ***replied** to the letter* — ***answered** the letter*

2 Vermeidung von Sprachanwendungen der gesprochenen Sprache wie **Kurzformen** *(short forms)*, **Bestätigungsfragen** *(question tags)* und **Ausrufesätzen** *(exclamations)* (▶ auch **Informeller Stil,** S. 71 f.)

3 Gebrauch **längerer Satzgefüge** *(complex sentences)* statt einfacher Sätze, z. B.:
- *The defence told the judge* ***hearing*** *the case that* ***on arriving*** *home the accused had phoned his niece in York, a fact later* ***confirmed*** *by the person concerned.*

4 Häufiger Gebrauch des Partizips anstelle eines Relativsatzes:
- *The prime minister spoke personally to MPs* ***thinking*** *of voting against the government.*
- *The bomb* ***dropped*** *on Hiroshima changed the world.*

5 Vermeidung von abgekoppelten Präpositionen, z. B.:
- *Please inform us* ***on which*** *date we can expect delivery* statt *Please inform us* ***which*** *date we can expect delivery* ***on****.*
- ***From whom*** *did the press receive the information?* statt *Who did the press receive the information* ***from****?* (▶ auch **Impersonal language,** S. 69)

Informeller Stil *(informal style)*

Ein informeller Stil ist durch diese Merkmale gekennzeichnet:

1 Anwendung eines informellen, konkreten Wortschatzes, häufig germanischen Ursprungs, wie z. B.:

◆ ***come into*** *a room*	statt	***enter*** *a room*
◆ ***cook*** *a meal*		***prepare*** *a meal*
◆ ***get to know*** *a person*		***become acquainted*** *with a person*
◆ ***go to*** *school*		***attend*** *school*
◆ ***live*** *in a place*		***reside*** *in a place*
◆ ***trick*** *a person*		***deceive*** *a person*
◆ ***take part in*** *a meeting*		***participate in*** *a meeting*

2 Gebrauch von Sprachanwendungen der gesprochenen Sprache – auch in privaten Briefen – wie:

- *short forms, question tags*
  - *I **don't** suppose **you've** seen Jane, **have you?***
- *attention catchers*
  - ***Look here,** I'll meet you in the pub at 7, okay?*
  - ***By the way,** have you seen Jane lately?*
  - ***Before I forget,** I'll be home an hour late tomorrow.*
- *hesitaters*
  - ***Where were we? Oh, yes, as I was saying,** I saw Jane …*
  - ***Hold on a minute,** did you say you saw Jane at Jim's party?*
  - ***Let me think.** Yes, okay, that'll be all right.*
- *indeterminate starters*
  - ***Well,** I suppose I could give you a lift.*
  - ***Now,** as I was saying, I saw Jane last night.*
  - ***Oh, dear,** what happened then?*
- *emphasising expressions, exclamations*
  - ***Good heavens,** that must've been awful for you!*
  - ***What on earth are you talking about?** That's completely untrue.*
  - ***For heaven's sake** let me finish what I was saying.*

Stilmittel *(stylistic devices)*

Vokabular	*Vocabulary*
Assonanz	*assonance*
Auflistung	*enumeration*
Ironie	*irony*
ironische Sprache	*ironical language*
Kontrast	*contrast*
Metapher	*metaphor*
Metaphorik	*imagery*
Onomatopöie	*onomatopoeia*
Personifikation	*personification*
rhetorische Frage	*rhetorical question*
Stabreim	*alliteration*
Stilmittel	*stylistic/literary device*

Vokabular	*Vocabulary*
Übertreibung Untertreibung Vergleich Verkörperung Wiederholung	*hyperbole* *understatement* *simile* *personification* *repetition*

▸ Ergänzung zum Vokabular S. 55 f., 61, 76, 84

In der Literatur versteht man unter *imagery* Stilmittel wie *metaphor* (▸ 7 unten), *metaphorical language* (▸ **Metaphorical language,** S. 69) oder *simile* (▸ 12 unten), die eine Person, Sache oder Idee mit einer anderen vergleichen.

1 Alliteration *(alliteration)*

Alliteration ist eine Serie von gleich klingenden **Anfangslauten** *(initial sounds)* in zwei oder mehr nacheinander folgenden Wörtern:

In those days, at such schools rules were strict and punishment public, prompt and painful.

2 Assonanz *(assonance)*

Bei einer Assonanz sind die Vokale innerhalb einer Wortreihe gleichklingend (▸ 1 **Alliteration** oben), z. B.:

Abou Ben Adhem (may his tribe increase!)
Awoke one night from a deep dream of peace,
And saw within the moonlight in his room,
Making it rich, and like a lily bloom,
An angel writing in a book of gold:
(from: Leigh Hunt, Abou Ben Adhem)

3 Kontrast *(contrast)*

Contrast ist der **absichtliche** *(intentional)* Gebrauch von Wörtern von gegenteiliger oder sehr stark kontrastierender Bedeutung, um einen Unterschied hervorzuheben, z. B.:

Nobody could understand how such a sweet and gentle girl could fall for such a coarse and vulgar brute.

4 **Auflistung** *(enumeration)*

Eine Auflistung von drei oder mehr Personen, Sachen oder Ideen, die als Mittel zur Hervorhebung benutzt wird:
In addition to banks, shareholders and managers, sometimes tens of thousands of workers, subcontractors and suppliers – not to mention their families – are also affected when a company is taken over.

5 **Übertreibung** *(hyperbole)*

Hyperbole ist die **bewusste** *(deliberate)* Übertreibung einer Aussage mit dem Ziel, etwas zu betonen, z. B.:
Nobody with the slightest knowledge of BSE can possibly deny that British beef is now not only the safest beef in the world, but the safest beef there's ever been.

6 **Ironie** *(irony)*

Ironie sagt meist das Gegenteil des eigentlich Gemeinten, z. B.:
Now we can see where the Prime Minister's enlightened and far-sighted policies at "the very heart of Europe" have led us: into isolation on the edge of events.
Bittere Ironie heißt *sarcasm*. Die Kombination von Ironie, Übertreibung und Spott ist typisch für Satire.

7 **Metapher** *(metaphor)*

Eine Metapher ist keine andere Bezeichnung für **Vergleich** (▸ 12)! In einer Metapher wird behauptet, eine Person oder eine Sache sei tatsächlich eine ganz andere Person oder Sache. Es wird also nicht nur verglichen, sondern in einer bildhaften Übertragung gleichgesetzt:
Sometimes too hot the eye of heaven shines, And often is his gold complexion dimm'd (from: Shakespeare, Sonnet 18)

8 **Onomatopöie** *(onomatopoeia)*

Wörter, die ihre Bedeutung lautmalerisch darstellen:
The water rushed, bubbled, gushed and gurgled over the rocks.

9 Personifikation *(personification)*
Eine Sache oder ein Tier wird mit menschlichen Merkmalen dargestellt, z. B. so:
The flowers nodded their heads as if they wanted greet him.

10 Wiederholung *(repetition)*
Die bewusste Wiederholung derselben Idee oder Wörter zu deren Betonung, z. B.:
"Rose is a rose is a rose is a rose"
(from: Gertrude Stein, Sacred Emily)

11 Rhetorische Frage *(rhetorical question)*
Eine rhetorische Frage ist eine Frage, die keine Antwort vom Hörer oder Leser erwartet. Sie wird meist vom Fragesteller selbst beantwortet, z. B.:
People like the last caller always talk about a "tiny minority", but just how tiny is "tiny"? Ten? Twenty? A few hundred? Or are we in fact talking about thousands of walkers, picnickers, campers and mountain-bikers destroying the very countryside that they claim to love so much?
(from: a BBC phone-in on opening up the British countryside to walkers)

7

12 Vergleich *(simile)* (▸ auch **7 Metapher**)
Ein *simile* vergleicht eine Person, Sache oder Idee mit einer anderen. *Similes* werden immer durch *like* bzw. *as* eingeleitet, wie z. B. hier:
A lot of people don't understand just how powerful the British House of Commons is. Its power is as absolute as that of a medieval monarch. The Commons alone can make laws, raise taxes, enter into treaties and go to war. Britain has no written constitution like the German Grundgesetz and no constitutional court like the Verfassungsgericht in Karlsruhe. Britain has no federal states like the German Länder with parliaments, courts and powers of their own. While the House of Lords can advise the government, it cannot block laws as the German Bundesrat can.

13 Untertreibung *(understatement)*
Understatement ist das Gegenteil von *hyperbole* (▶ 5). Der Ernst einer Situation oder Handlung wird bewusst untertrieben, um ihre Bedeutung zu betonen. Also ist *understatement* eine Form der Ironie (▶ 6), wie z. B. hier:
Philip was not only put out (verärgert) *by Sarah's wish to resume her university studies, but also a little worried by it. What had happened to his docile wife, who had always been so willing to defer to his judgement?*

7.2 Handlungsort und Atmosphäre
Setting and atmosphere

Vokabular	*Vocabulary*
Antiheld	*anti-hero*
Atmosphäre	*atmosphere*
äußere Erscheinung	*outer appearance*
geistige Verfassung	*state of mind, mood*
Gesichtsausdruck	*facial expression*
Handlungsort	*setting*
Beschaffenheit des H.orts	*nature of the setting*
Held/Heldin	*hero/heroine*
hervorheben	*(to) highlight*
Körperbau	*physique*
Körperhaltung	*posture*
Körpersprache	*body language*
menschliche Beziehung	*human relationship*
Person	*character*
Hauptperson	*major/full character, protagonist*
Nebenperson	*minor/flat character*
Raum	*space*
begrenzter Raum	*limited space*
unbegrenzter Raum	*unlimited space*
sich eingeengt fühlen	*(to) feel restricted*
soziales Umfeld	*social environment, milieu*
Verhältnis	*relationship*
Wahrnehmung	*perception*
Wechselspiel	*interplay, interaction*
Wetterverhältnisse	*weather conditions*
widerspiegeln	*(to) mirror*

▶ Ergänzung zum Vokabular S. 55 f., 61, 72, 84

In der Literatur ist das Verhältnis zwischen Handlungsort und der/den Hauptperson(en) oft sehr wichtig. Der Autor oder die Autorin kann die Eigenschaften des Handlungsortes einsetzen, um die geistige Verfassung der Person(en) widerzuspiegeln, oder diese durch einen starken Kontrast zum Handlungsort auch hervorheben.

Dieses Wechselspiel zwischen Handlungsort einerseits und Hauptperson(en) andererseits macht zu einem guten Teil die Atmosphäre eines fiktionalen Textes aus.

Die folgenden drei Arbeitsschritte werden Ihnen dabei helfen, die Rolle der Atmosphäre in der Wahrnehmung des Lesers zu untersuchen.

SCHRITT 1 Betrachten Sie zuerst den **Handlungsort.** Stellen Sie sich dabei folgende Fragen:

- Wo findet die Handlung statt? Drinnen? In einem sehr begrenzten Raum? Draußen?
- Wann findet die Handlung statt? Zu welcher Jahres-, Tageszeit?
- Wie ist das Wetter? Wie sind die Lichtverhältnisse? Die Temperatur?
- Sind andere Personen anwesend? Wenn ja, wie verhalten sie sich? Fröhlich und ausgelassen? Bedrückt?
- Welche sinnlichen Eindrücke (z. B. Gerüche, Geräusche, Farben) vermittelt der Text? Was bezwecken diese sinnlichen Eindrücke?
- Passen die äußeren Umstände zur Stimmung der Personen? Oder werden bewusst Kontraste erzeugt? Welche Wirkung bzw. Konsequenzen haben Situation und/oder Stimmung?

Die folgenden Anhaltspunkte sind nur als Interpretationshilfen gedacht. Um diese für Sie direkt umsetzbar zu machen, sind sie auf Englisch aufgelistet.

Space

very limited: *person's thoughts are directed inwards; feeling of being restricted, dependent on others or isolated from social environment.*

largely unlimited: *person's thoughts and feelings are directed outwards towards others; feeling of being free, independent, able to decide one's own fate* (Schicksal) *or course of action.*

Season, time of day

spring, summer, daytime: person's state of mind more optimistic, receptive (aufgeschlossen), *future-orientated.*

autumn, winter, night: person more pessimistic, thoughtful, fed up, depressed (bedrückt), *past-orientated*

NOTICE Die **Zeit** einer Handlung wird oft kontrastiv als Betonungsmittel verwendet. Eine Person wirkt z. B. an einem schönen Frühlingstag viel trauriger als an einem ohnehin deprimierenden, nasskalten Wintertag.

Weather

stormy, high winds: *restlessness, excitement, sometimes uncontrolled or even wild emotions*

foggy, cloudy: *unclear, unfocused (verschwommen) thoughts and feelings; uncertainty, sense of being endangered or threatened*

cool, wet: *cold, lacking in feeling or emotion; reserved* (zurückhaltend); *little interest in others*

snow, ice: *isolated from others; incapable of developing human relationships; tendency to misunderstand or misinterpret the situation and motivation of others; selfish, egocentric; tendency to deceive oneself, self-deception* (Selbsttäuschung)

sunny, dry: *happy, relaxed, warm-hearted, understanding*

Other people

children at play: *innocent, innocence* (Unschuld); *without guile/ guileless, guilelessness* (Arglosigkeit); *harmless, harmlessness; unthreatening*

contented people: *freedom from worry; gaiety* (Fröhlichkeit); *stable, stability; …*
reserved people: *shy, shyness* (Schüchternheit); *unsociable* (ungesellig); *often remote but observing* (beobachtend), *as if looking at life from the outside; lack of contact to others or social environment*
people hanging around (herumlungernde Menschen): *bored, boredom; shallow, shallowness* (Oberflächlichkeit); *lack of interest in other people, social environment; unambitious, lack of ambition; irresponsible, irresponsibility …*
aggressive people: *violent, violence; threatening, threat; compulsive, compulsion; carnal* (triebhaft)

Animals

domestic animals: *loyal, loyalty* (Treue); *dependent, dependence; patient, patience; substitute friend/child* (Ersatz für Freund/Kind); *often signals victim of a denial of human warmth* (Opfer einer Verweigerung von menschlicher Wärme)
farm animals: *state of being made use of* (Ausnutzung); *lack of warmth in a domestic environment; state of being dictated to or having somebody else's will imposed on oneself* (Bevormundung); *obstinate, obstinacy* (Sturheit); *apathetic, apathy*
wild animals: *freedom; self-assertion* (Selbstbestimmung); *selfdevelopment* (Selbstentfaltung) …

7

NOTICE Personen bzw. Tiere, die eine reine Statistenrolle spielen, spiegeln oft den Geisteszustand der Hauptperson(en) wider oder heben ihn kontrastiv hervor. Besonders bei Tieren werden deren ureigene Merkmale oft eingesetzt, um menschliche **Einstellungen** *(attitudes)*, Motive oder Absichten zu verdeutlichen und zu untermalen.

SCHRITT 2 Jetzt sehen Sie sich die **Hauptperson(en)** genauer an. Stellen Sie die folgenden Fragen:

- Wie ist ihre/seine äußere Erscheinung? Konzentrieren Sie sich auf **a)** Körperbau, **b)** Körperhaltung, **c)** Gesichtsausdruck,

d) Körpersprache und e) Kleidung.

- Wie würden Sie die geistige Verfassung der Person beschreiben? Ist sie fröhlich und ausgelassen? Verstimmt? Nachdenklich? Euphorisch? Ist sie optimistisch oder eher pessimistisch? Zukunftsorientiert oder eher der Vergangenheit verhaftet?

SCHRITT 3 Jetzt geht es darum, die **Beschaffenheit des Handlungsortes** und die **geistige Verfassung** der Hauptperson(en) in Einklang zu bringen. Die Leitfragen dazu sind:

- Wo gibt es Ähnlichkeiten bzw. Gemeinsamkeiten *(common features)*?
- Wo gibt es Unterschiede bzw. Kontrastmomente *(points of contrast)*?

Um diese Leitfragen zu beantworten, vergleichen Sie die Adjektive usw., die Sie bei der Bearbeitung der **Schritte 1** und **2** oben gesammelt haben. Dies geht am leichtesten mit einer Tabelle.

7.3 Erzählperspektive

Point of view

Vokabular	Vocabulary
äußere Erscheinung	*outward (or outer) appearance*
Beteiligter	*participant*
Erzähler, Beobachter	*narrator, observer*
Ich-Erzähler	*first person narrator*
Beobachter	*third person narrator*
allwissender Beobachter	*omniscient third person narrator*
außenstehender Beobachter	*limited third person narrator*
Erzählperspektive	*point of view*
wechselnde Erzählperspektive	*shifting point of view*
Handlung	*plot* (▸ S. 84)
innere Wirklichkeit	*inner reality*

Wie der Leser bzw. die Leserin die Handlung einer Geschichte wahrnimmt, wird von der **Erzählperspektive** bestimmt, die der Autor bzw. die Autorin gewählt hat.

Im Folgenden werden die zwei häufigsten Erzählperspektiven vorgestellt, es gibt allerdings auch verschiedene Mischformen.

1 Der Autor kann sich selbst als Erzähler einsetzen und die Handlung als **Beobachter** schildern. Ein beobachtender Erzähler berichtet **über** die handelnden Personen, das Geschehen und die Situation, und zwar, indem er Namen und Personalpronomen (he/she, his/her, usw.) verwendet.

Die Funktion des Beobachters

NOTICE Bei dem Beobachter einer Geschichte ist es wichtig, zwischen der Funktion eines **allwissenden Beobachters** und eines **außenstehenden Beobachters** zu unterscheiden.

Der allwissende Beobachter

Wie der Name es bereits sagt, weiß dieser Beobachter einfach alles über die Person, die er beschreibt. Er kennt auch ihre intimsten Gefühle und Gedanken. Er betrachtet also das Geschehen sowohl **von außen** *(from the outside)* als auch **von innen** *(from the inside).*

Der unbeteiligte, außenstehende Beobachter

Der außenstehende Beobachter erzählt ausschließlich auf der Ebene der **äußeren Erscheinung.** Von der inneren Wirklichkeit der Personen weiß er nichts. Er ist wie eine **Fliege an der Wand** *(a fly on the wall)* oder eine Kamera.

AUFGABE Suchen Sie in Ihren Unterlagen nach Beispielen für die unterschiedlichen Erzählweise und Standpunkte. So verinnerlichen Sie die Perspektiven und Kriterien am einfachsten!

Bewusstseinswiedergabe

Wenn es darum geht, die Erzählperspektive eines fiktionalen Werkes zu analysieren, sind häufig die Gedanken, Wahrnehmungen, Eindrücke, Motive, Absichten und Gefühle einer Person mit zu berücksichtigen. Viele Autoren nutzen Erkenntnisse aus der Psychologie, um den Leser/-innen einen Einblick in die gedanklichen Vorgänge einer Figur zu gewähren *(introspection)*. Je nach Intensität, mit der der Erzähler diese Bewusstseinsvorgänge offenlegt, spricht man von erlebter Rede, innerem Monolog oder *stream-of-consciousness narration*.

Erlebte Rede
Der Erzähler gibt die Gedanken der handelnden Figur wieder. Er verwendet dabei die 3. Person Indikativ ohne ein einleitendes *„he/she thought"* bzw. *„he/she said"*.

Innerer Monolog
Der innere Monolog gibt ein Selbstgespräch spontan assoziativ wieder; er wird auch eingesetzt, um Unbewusstes und Tabuisiertes zum Ausdruck zu bringen.

***Stream-of-consciousness* narration**
Diese Art der Bewusstseinswiedergabe präsentiert dem Leser die Gedanken einer Figur ungeordnet, nur assoziativ verknüpft. Häufig überlagern Erinnerungen aktuelle Ereignisse, die Chronologie der Erzählung wird durchbrochen.

2 Eine andere Möglichkeit besteht darin, einen **Ich-Erzähler** die Geschichte schildern zu lassen. Der Ich-Erzähler *(first person narrator)* ist entweder als Hauptfigur oder als Randfigur *(observer narrator)* am Geschehen beteiligt. Ein Ich-Erzähler hat eine eingeschränkte Perspektive, er kann alles Geschehen ausschließlich von seinem eigenen Standpunkt aus überblicken *(limited point of view)*. Eine Ich-Erzählung ist immer subjektiv!
Diese subjektive Wahrnehmung vermittelt dem Leser allerdings den Eindruck, in das Geschehen verwickelt zu sein.

7.4 Charakterisierung
Characterisation

Vokabular	*Vocabulary*
Charakterisierung	*characterisation*
direkte Charakterisierung	*direct characterisation*
indirekte Charakterisierung	*indirect characterisation*
Informationen vermitteln	*(to) transmit information*
Informationen durch Handlungen vermitteln	*(to) transmit (information) through action*

In der Literatur bedeutet Charakterisierung mehr als die bloße Beschreibung einer Person. Genauso wichtig wie Persönlichkeit, äußere Erscheinung, Verhalten, Lebensstil, familiärer Hintergrund einer Person usw. ist, wie der Autor diese Informationen an den Leser vermittelt.
Ein Autor kann dies einem Leser auf zwei Arten übermitteln: direkt oder indirekt.

Direkte Charakterisierung
Man spricht von direkter Charakterisierung, wenn der Leser Informationen über eine Person entweder vom Erzähler oder von einer anderen Person in der Erzählung erhält. Wichtig ist hierbei, dass der Leser konkret (direkt) etwas über die Person erfährt, um die es geht.

Indirekte Charakterisierung
Man spricht von indirekter Charakterisierung, wenn der Leser anhand der Handlungen der Person interpretiert, wie diese ist oder sein könnte. Der wichtige Aspekt hierbei ist, dass die Informationen nur durch Handlungen vermittelt werden, und nicht durch konkrete Aussagen.

7.5 Handlung
Plot

Vokabular	*Vocabulary*
Auseinandersetzung	*quarrel, argument*
gewaltsame Auseinandersetzung	*violent quarrel*
Bedeutung	*meaning*
tiefere, innere Bedeutung	*interior/submerged meaning*
oberflächliche Bedeutung	*exterior/superficial meaning*
Enttäuschung	*disappointment*
enttäuschte Erwartung	*disappointed expectation*
glaubhaft	*believable, plausible*
Handlung	*plot*
aktive Handlung	*action, storyline*
Höhepunkt	*climax*
Konflikt	*conflict*
Konfliktsituation	*conflict situation*
Lösung eines Konfliktes	*solution of a conflict*
Meinungsverschiedenheit	*difference of opinion*
Missverständnis	*misunderstanding*
Ungereimtheit	*inconsistency*
Wechselwirkung	*interplay, interaction*
Wendepunkt	*turning point*

▸ Vokabular S. 55 f., 61, 72, 76

Unterscheidung von *action* und *plot*

Das deutsche Wort *Handlung* wird manchmal als *action* und manchmal als *plot* übersetzt. Was ist der Unterschied? Wie das Wort *action* schon andeutet, handelt es sich dabei um das, was passiert.

Der Ausdruck *plot* reicht in seiner Bedeutung allerding viel weiter. Hier geht es um die Wechselwirkung zwischen *character* und *action*, die eine Geschichte **glaubhaft** *(plausible)* macht.

Deshalb reden wir auch von *bad plotting*, wenn eine Person in einer Geschichte unglaubwürdig, d. h. *out of character*, agiert.

Ein Beispiel von *bad plotting* ist der Film *Fatal Attraction* (deutscher Titel: Eine verhängnisvolle Affäre, 1987).

In diesem Film hat ein Rechtsanwalt (Michael Douglas) eine Wochenendaffäre mit einer Verlagsredakteurin (Glenn Close). Sie nimmt diese kurze und unter Alkoholeinfluss zustande gekommene Episode viel wichtiger als er und entwickelt eine krankhafte Eifersucht. Während er versucht ihr klarzumachen, dass es nur eine einmalige Geschichte war, steigert sie sich mehr und mehr in die Sache hinein und versucht ihn mit allen Mitteln für sich zu gewinnen. Dies führt soweit, dass sie ihn und seine Frau in deren Haus attackiert.

Auf der Ebene der aktiven Handlung ist *Fatal Attraction* ein spannender und unterhaltsamer Film. Trotzdem wird er oft als Beispiel für *bad plotting* herangezogen.

Warum? Nun, zunächst spielt Douglas hier einen erfolgreichen Rechtsanwalt, der glücklich verheiratet ist und seine kleine Tochter über alles liebt. Sein Boss ist kurz davor, ihn zum Partner in der Firma zu machen.

So, wie wir diesen Rechtsanwalt hier kennen lernen, erscheint es sehr unglaubwürdig, dass dieser alles für eine kurze Affäre riskiert hätte. Aber selbst wenn dies noch plausibel scheinen mag, wird die Handlung spätestens dann sehr unglaubwürdig, als dieser Anwalt zulässt, dass die Situation völlig außer Kontrolle gerät: Nicht nur seine Karriere und seine Ehe, sondern auch sein Leben und das seiner Frau und seiner Tochter stehen plötzlich auf dem Spiel. Dieser Handlungsverlauf widerspricht dem Charakter des Rechtsanwalts, wie er uns präsentiert wird.

Plausibler wäre ein frühes Geständnis seiner Frau gegenüber gewesen.

Die Handlung einer Erzählung oder eines Films (plot) besteht also aus einer Kette von Ereignissen. Zur Handlung gehört immer

- eine Ausgangssituation,
- das Erkennen von Handlungsmöglichkeiten und -optionen und
- die Situationsveränderung als Ergebnis der Handlung.

Wichtig ist auch, wiederholt auftretende Ereignisse und Ereignismuster entschlüsseln (= analysieren) zu können und die symbolische Bedeutung (z. B. einer Reise als Symbol des Übergangs zwischen Jugend und Erwachsenendasein im Entwicklungsroman) offenzulegen.

Sämtliche Ereignisse eines Textes können auf unterschiedliche Weise angeordnet werden:

- in ihrer zeitlichen Reihenfolge *(in chronological order)*
- verknüpft nach Ursache und Wirkung *(linked by cause and effect)*
- verzweigt nach Haupt- und Nebenhandlung *(main plot / subplot)*
- rückblickend *(told in flashback)*

1 **Höhepunkt** *(climax)*

Den Punkt, an dem sich das Geschehen eines Textes auf dem Höhepunkt befindet, bezeichnet man als *climax*. Dieser Höhepunkt ist eine Krise oder Katastrophe, die sich ereignet und zugleich dafür ausschlaggebend ist, dass sich das Kräfteverhältnis der handelnden Figuren zueinander verschiebt. Ein solcher Höhepunkt stellt zugleich einen Wendepunkt im Geschehen dar, evtl. bahnt sich der Untergang der Hauptfigur an.

2 **Offener Schluss** *(open ending)*

Ein wichtiges Gestaltungselement, das zur Analyse der Handlungsstruktur eines fiktionalen Werkes unbedingt dazu gehört, ist das Ende. Nicht immer schlägt ein Text oder ein Film eine Lösung vor. Gibt es ein offenes Ende, ist der Fortgang der Ereignisse in mehrere Richtungen hin möglich.
Das *open ending* fordert daher zum Nach- bzw. Weiterdenken und damit zur Auseinandersetzung mit der Problematik eines Textes heraus.

7.6 Zeitgestaltung

Ein fiktionales Werk hat immer zwei Zeitebenen: die erzählte Zeit *(acting time)* sowie die Erzählzeit *(narrating time / reading time)*. Mit dem Begriff acting time bezeichnet man den Zeitraum, über den berichtet wird. Dieser Zeitraum kann unterschiedlich lang oder auf eine kurze Dauer beschränkt sein. Manchmal erstreckt er sich auch über das ganze Leben einer literarischen Figur hinweg.
Dagegen ist die Erzählzeit *(narrating or reading time)* die Zeit, die der Leser braucht, um einen Text zu lesen.
Eine gründliche Textanalyse berücksichtigt immer auch den Aspekt der Zeitgestaltung: indem man erzählte Zeit und Erzählzeit miteinander vergleicht, erhält man wichtige Informationen über die Gestaltung eines literarischen oder filmischen Werkes.

1 Zeitraffung *(compression of time)*
Wird zeitraffend berichtet, so ist die Erzählzeit kleiner als die erzählte Zeit; wichtige stilistische Mittel der Zeitraffung sind Zusammenfassungen und Andeutungen.

2 Aussparung *(ellipsis)*
Wenn der Erzähler einen Zeitabschnitt der Handlung überspringt, wendet er das Mittel der Zeitraffung in seiner extremsten Form an.

3 Zeitdeckung *(simultaneity)*
Erzählzeit und erzählte Zeit sind deckungsgleich; beliebtes Stilmittel ist dabei die wörtliche Wiedergabe von Gesprächen.

4 Zeitdehnung *(expansion of time)*
Wenn die Erzählzeit die erzählte Zeit in ihrer Dauer übersteigt, spricht man von Zeitdehnung. Dazu gehören z. B. die Darstellung von Bewusstseinsvorgängen (stream-of-consciousness narration) oder die Zeitlupentechnik (auch im Film).

5 Zeitpause *(pause)*

Es gibt Erzählungen, in denen der Erzähler die Lesezeit des Lesers beansprucht, ohne dass die Ereignisse im Text voranschreiten – wenn der Erzähler z. B. lange Kommentare gibt oder ausführliche Beschreibungen liefert. In diesen Fällen bleibt die erzählte Zeit stehen, man spricht von einer Zeitpause.

Die Zeitgestaltung dient als Strukturierungsmittel:

- Durch den Wechsel von Beschleunigung, Verlangsamung und Stillstand des Erzähltempos erhält eine Erzählung einen Rhythmus.
- Wichtige Ereignisse und Abläufe lassen sich durch eine geschickte Zeitgestaltung hervorheben.

Ein Autor hat verschiedene Möglichkeiten, Ereignisse anzuordnen:

6 Rückwendung *(retrospective)*

Werden Informationen als kurze gedankliche Erinnerungen oder als Bestandteil eines Gesprächs nachgeliefert, so spricht man von einem Rückgriff *(reference to the past)*.
Manchmal wird an zentralen Stellen eines Textes im Fortgang der Ereignisse innegehalten, um zurückliegende Ereignisse in szenischer Form oder in reflektierender Überschau zu präsentieren. Solche Szenen werden als Rückblick *(flashback)* bezeichnet.

7 Vorausdeutung *(foreshadowing/anticipation)*

Befürchtungen und Ängste, die von den Figuren eines Textes geäußert werden oder aber Einblendungen zukünftigen Geschehens, z. B. durch die Einschaltung eines Erzählers, werden als Vorausdeutungen bezeichnet. Ein solches Umstellen der Ereignisfolge dient häufig der Steigerung der Spannung.

Das Schreiben nicht fiktionaler Texte

8

Ein Wort vorweg …
Schreiben lernt man nur durch schreiben! Gerade in der Abiturvorbereitung ist es wichtig, das Formulieren zu üben, die Worte richtig zu wählen und gute Satzübergänge zu schaffen. Damit die eigene Textproduktion gelingt, erhalten Sie hier eine Reihe von praktischen Tipps und Anregungen.

1 Sammeln Sie Ideen und Informationen anhand von ***mind maps*** bzw. ***topic webs***, um Material zu einem bestimmten Thema in logische Verbindungen zu bringen. Ein ***mind map*** bezeichnet gesammelte Gedanken, Meinungen und Gefühle, während sich ein ***topic web*** eher mit Fakten und objektiven Informationen befasst.

2 Eine grundlegende Fertigkeit ist das mündliche bzw. schriftliche Zusammenfassen von Texten aller Art. Beachten Sie dabei, dass bei einer Zusammenfassung meist die folgenden Elemente eines Textes herausgenommen werden:

- **Tabellen, grafische Darstellungen** *(charts, graphics)*
- **Beispiele,** die durch Wendungen wie *for example/e.g., for instance, such as, as in the case of, as when* usw. eingeleitet werden.
- **Anekdoten** *(anecdotes),* **Witze** *(jokes)* und **Randbemerkungen** *(asides),* die z. B. durch *by the way, incidentally, in passing, that reminds me* usw. angekündigt werden. Das gilt auch für **Sprichworte** *(proverbs)* und **Lebensweisheiten** *(wise sayings).*

- Wiederholungen, denen Ausdrücke wie *in other words, put another way, as I was saying, as I have already said, to repeat* usw. vorausgehen.
- **Stilmittel** *(stylistic devices)*, vor allem *similes* (**Vergleiche** mit *like* oder *as*), **Aufzählung** *(enumeration)* und natürlich **Wiederholung** *(repetition)*.
- **Zitate** *(quotations)* und Meinungen von Experten, die ein Argument unterstützen oder einen Aspekt illustrieren sollen.

8.1 Leserbrief

Letter to the editor

Weil sie veröffentlicht werden könnten, verwenden auch **Leserbriefe** an eine Zeitung oder Ähnliches einen formellen Stil. In vielerlei Hinsicht gehören Briefe an seriöse Zeitungen zu den förmlichsten Schreiben. (▶ **Gehobener Stil,** S. 70)
Da sie sich normalerweise mit einem umstrittenen Tagesthema oder Zeitungsbeitrag beschäftigen, weisen sie oft die Struktur einer Argumentation auf. (▶ **Argumentative Sachtexte,** S. 53)

Hier ein Beispiel für einen Leserbrief:

Sir or madam – I refer to the article on animal rights in today's edition of the Messenger. In it, you devote a great deal of space to describing the "success" of animal-rights activists in closing breeding establishments for laboratory animals. Nowhere was there a reference to the important benefits to seriously ill humans from animal experiments conducted according to high veterinary and ethical standards. I am a consultant in newborn intensive care and have worked clinically with sick newborn babies for over 20 years. Like virtually all hospitals delivering babies in developed countries, we use two life-saving treatments that would never have been discovered and developed without the use of animal experimentation: corticosteroids, given to mothers about

to give birth prematurely; and surfactant, given into the lungs of premature babies whose breathing has failed. Both treatments have been instrumental in relieving much suffering and saving many lives. (...)
Dr Brian Sutton, Leeds

8.2 Geschäftsbrief
Business letter

Geschäftsbriefe sind viel förmlicher als persönliche Briefe, sie müssen deshalb aber noch lange nicht trocken und unfreundlich klingen.
Bei Geschäftsbriefen geht es vor allem darum, eindeutig und präzise zu sein. Schreiben Sie also jeden Inhaltspunkt in einen eigenen Absatz.
Hier ein Beispiel für die Form *full block* oder *flush left style*, bei der alle Teile wie das Datum und die Empfängeranschrift untereinander am linken Rand angeordnet sind.
Die Anmerkungen beziehen sich auf Unterschiede zwischen dem deutschen und dem britischen Gebrauch.

NOTICE **Always obey** the **ABC Rule** in business communications:
A Be **accurate.** Make sure that all details – e.g. names, dates, order numbers, prices etc – are correct and complete.
B Be **brief.** Say exactly what you want to say and then stop.
C Be **clear.** Use plain, simple English. Write in an easy, natural style without being either too formal or too casual [*salopp*]. Use **long forms** – e.g. *they are, he did not, they would be* – in business letters.

Maxx Media Design
26 Avon Business Park Bristol BS1 8RF
Tel +44-(0)117-405060-0 Fax +44-(0)117-405060-10 email info@mmd.co.uk

18 August 2018	no full-stop after day
Rick's Classic Cars Ltd. 13 Harbour Road Plymouth	
Attn Mr Richard Knight	**Att**(entio)**n** = (z. Hd.)
Design samples	**subject line** above salutation, as in DIN form.
Dear Mr Knight Referring to your request via e-mail on 15 August 18, I enclose three samples of our adhesive film *'Style Your Ride'*. They come in 500 designs of which I send you the top 3 sellers. If you order 100 pieces or more we may print special pictures or designs according to your ideas. If you have any questions, please do not hesitate to contact me.	If possible, start with a **name.** If this is not possible, then start with **Dear Sir or Madam or To whom it may concern (AE).**
Yours sincerely *Lucy Davis* Lucy Davis Head of Maxx Media Design Sales	If you started with a name, sign off with **Yours sincerely.** If you started with **Dear Sir or Madam,** sign off with **Yours faithfully.** If you are writing to a company for the first time, give **your firm's name** and your **position in the company,** as here.
Encs 3 design samples	**Enc(losure)s** *Anlage(n)*
cc J. K. Cooper, Marketing	**copy/ies circulated** *Kopie(n) an (Verteiler)*

8.3 E-Mail
E-mail

Als Hauptform der schriftlichen Kommunikation folgen E-Mails den Regeln des Briefeschreibens. Besonders der Bereich der geschäftlichen Kommunikation verlangt das Einhalten einiger formaler Regeln.

Die Struktur einer formellen E-Mail
Üblicherweise hat eine formelle E-Mail **sechs Teile:**

1 **Betreffzeile** *(subject box/line)*: Der Betreff sollte in einer formellen E-Mail nie fehlen, z. B. *your visit, travel arrangements.*

2 **Anrede** *(salutation)*: Genau wie in einem Brief gibt es hier folgende Möglichkeiten:

Dear Sir or Madam	sehr formell. Benutzen Sie diese Anrede nur dann, wenn Sie den Namen des Empfängers bzw. der Empfängerin nicht kennen.
Mr/Mrs/Ms Brown/…	formell
Dear Laura/Jim/…	weniger formell
Hello/Hi Sue/Ben/…	informell
keine Anrede	sehr informell. Verzichten Sie darauf in einer Geschäftsmail nur dann, wenn Sie eine sofortige Antwort an jemanden schicken, den Sie gut kennen.

3 **Thema** *(topic)*: Sagen Sie sofort, worum es geht, z. B. *This is to let you know that … or I'm just writing about …* Für eine Antwort verwenden Sie z. B. *Thank you / Thanks for your email about …*

4 **Zweck/Ziel** *(purpose/aim)*: Sagen Sie konkret, was Sie wollen, also z. B. eine Preisauskunft, eine Bestellung, Beschwerde ect.

5 **Schlusssatz** *(final sentence)*: Beenden Sie eine formelle E-Mail mit einem freundlichen Satz, z. B. *Thank you (very much) / Thanks* *(a lot) for your trouble* or *Please get in touch if there are any problems.*

6 **Schlussformel** *(signing off)*: Im Gegensatz zu einem Geschäftsbrief klingen in einer Mail *Yours sincerely/faithfully* zu formell. Schreiben Sie besser etwa *Best regards/wishes, All the best* oder, wenn Sie die andere Person gut kennen, einfach *Yours.*

8.4 Bericht

Report

Ein Bericht ist die objektive Darstellung eines tatsächlichen Vorgangs. Er beantwortet folgende „journalistische Fragen“:

1 *What event took place?*
2 *Where and when did it take place?*
3 *Who was involved?*
4 *Why and how did it happen?*

Die folgenden Arbeitsschritte sollen Ihnen helfen, einen vollständigen und wertfreien Bericht zu verfassen.

SCHRITT 1 Schreiben Sie nicht einfach drauflos, sondern sammeln Sie mithilfe eines ***topic web*** und den genannten Leitfragen zunächst Fakten.

SCHRITT 2 Arrangieren Sie Ihr Material in der Reihenfolge: Was? Wo? Wann? Wer? Warum? Wie?
Ein Beispiel:

> There was a bad accident on the main Norwich to Holt road near the Marsham Arms pub at about 9.30 yesterday evening. A 25-year-old man driving towards Norwich lost control of his car and crashed into a van travelling in the opposite direction. Both occupants of the van were injured, one seriously, while the car driver escaped unhurt. According to police, the accident was probably caused by driving too fast on a wet road, though this is still to be confirmed. (...)

SCHRITT 3 Berichte zeigen einen förmlicheren Stil, ohne aufgeblasen oder gar unnötig kompliziert zu wirken. Am allerwichtigsten sind Klarheit, Genauigkeit und Vollständigkeit. (▶ **Gehobener Stil,** S. 70)
Eine unpersönliche Haltung wird durch den Gebrauch des Passivs und durch eine wertfreie Darstellung der Ereignisse zum Ausdruck gebracht. (▶ **Unpersönliche Sprache,** S. 69)

SCHRITT 4 Korrigieren Sie Ihren Entwurf und fertigen Sie eine Reinschrift an.

8.5 Stellungnahme
Comment

Viele Aufgaben verlangen, dass Sie Ihre Meinung zu einem strittigen Thema darstellen. Dies tun Sie mit einem Kommentar bzw. einer Stellungnahme. Es gibt verschiedene Arten solcher Aufsätze. Der **argumentative Aufsatz** ist für Sie sicherlich der wichtigste. Hierin sollen Sie eine Argumentation für bzw. gegen eine Idee o. Ä. entwickeln.

Hier einige Tipps für das Schreiben von **argumentativen Aufsätzen:**

SCHRITT 1 Lesen Sie sich das für den Aufsatz vorgegebene Thema gründlich durch, um sicherzugehen, dass Sie es verstanden haben. Das Thema wird sicherlich auf einen oder wenige Punkte beschränkt sein. Unterstreichen bzw. markieren Sie diese Punkte. So können Sie sich besser auf die Aufgabenstellung und auf die wirklich relevanten Informationen konzentrieren.
Es folgen vier Beispiele für Themen, die in Klausuren vorgegeben wurden. Die Punkte, auf die sich die Themen beschränken, sind unterstrichen.

- *The centres of historical towns should be permanently closed to private vehicles.*
- *Really tough punishments for drug dealers and sympathetic help for drug users would soon solve the problem of drug abuse.*
- *Mothers of young children should not go to work at all until their children start full-time school.*
- *Divorced people under the age of 35 should have to pass a stiff marriage test like the driving test.*

SCHRITT 2 Notieren Sie sich Ihre (vorläufige) Aussage in einem Satz.

SCHRITT 3 Machen Sie ein Brainstorming und sammeln Sie Ideen und Argumente, um ihren Standpunkt zu stützen. Hierbei kann auch eine „Pro- und Kontra-Liste" hilfreich sein. Noch sinnvoller sind allerdings ***mind maps*** oder ***topic webs***. Informationen und Ideen lassen sich dabei nach logischen Gesichtspunkten ordnen und z. B. durch eine Nummerierung auch besser gewichten.

SCHRITT 4 Schreiben Sie nun einen Entwurf nach dem folgenden Schema:
Einleitung Darstellung des Problems und der eigenen Meinung.
Mittelteil Argumente dafür/dagegen, auf Tatsachen und Beweise gestützt.
Schlussteil Wiederholte Darstellung der Meinung und kurze Zusammenfassung der wichtigsten Gründe. (▶ auch **Referate verfassen und halten,** S. 114)

SCHRITT 5 Korrigieren Sie Ihren Entwurf und fertigen Sie eine Reinschrift an.

8.6 Dialog
Dialogue

Formen des Dialogs
Es kommt vor, dass Sie anstelle eines Briefes oder Kommentars einen Dialog schreiben sollen.
In einem **argumentativen Dialog** präsentieren die Teilnehmer ihre gegensätzlichen Meinungen und Argumente.
In einem **Interview** dagegen ist der Interviewer daran interessiert, spezifische Informationen zu bekommen. Das bedeutet jedoch nicht, dass Sie bloß eine Reihe von Fragen stellen, wie dies sonst z. B. in Bewerbungsgesprächen üblich ist. Oft vertritt der Interviewer eine gegensätzliche Meinung, um das Interview lebendiger zu gestalten und um den **Interviewpartner** *(interviewee)* aus der Reserve zu locken.

Der Sprachgebrauch in Dialogen
Der grundlegende und offensichtliche Unterschied zwischen einem Dialog und einem Prosatext ist der Gebrauch von gesprochener bzw. von Umgangssprache. Wenn Sie einen Dialog schreiben, sollten Sie in erster Linie einen informellen Stil benutzen, diesen allerdings um einige für gesprochene Sprache charakteristische Mittel erweitern.

Hier eine vollständige Liste dieser Mittel mit Beispielen zum Thema Waffenbesitz in den USA:

attention-catchers
- ***Listen,** I don't want to ban all guns.*
- ***Okay then,** let's talk about rifle clubs.*
- ***Right. Yes.** But we must compensate manufacturers and dealers.*
- ***Now,** I find that solution is no solution at all.*
- ***Well,** I'd like to begin by talking about how easy it is to buy a gun.*

short forms of verbs

- *I'**m** sure you'**re** right, but that'**s** not really relevant.*
- *That idea just would**n't** work. You'**ve** ignored the problem of policing.*

short answers

- *Are you saying that we should ban all private guns? –* ***Yes, I am.*** *You know, like in Britain. It's working fine there.*
- ***No, it's not.*** *There are endless problems with sporting guns. Most experts think a total ban can never work.*
- ***No, they don't.*** *That's completely untrue.*

question tags

- *That's another question,* ***isn't it?***
- *You've gone off the point,* ***haven't you?***
- *The minister said she's against banning all guns,* ***didn't she?***
- *Yes, but that doesn't matter,* ***does it?***
- *Well, they would say that,* ***wouldn't they?***

using emphasisers

- *I didn't say that. What* ***I did say*** *is that you're exaggerating.*
- ***Whatever*** *you may say, there is no evidence* ***whatsoever*** *for that.*
- ***What on earth*** *do you mean?* ***It was the minister herself who*** *said that.*
- ***Good heavens,*** *everybody knows that guns kill.*

interrupting

- ***Just a minute,*** *let's look at the present law first.*
- ***Hang on a moment,*** *you've misunderstood me.*
- ***I'm sorry to interrupt,*** *but you're absolutely wrong there, you know.*

gaining time

- ***Let me think … Oh yes,*** *I wanted to ask about policing.*
- ***What was I saying? Oh, I remember.*** *Guns don't kill, people do.*
- ***Uhm …*** *Well, you may be right there, I suppose.*
- ***Er …*** *Sorry, could you repeat that?*
- ***Let's see.*** *Well,* ***you could say that*** *I agree with the idea.*

common dialogue phrases

- ***I'm sorry, but*** *I've got to interrupt you there.*
- *That idea won't work,* ***I'm afraid.***
- *You're quite wrong to think that,* ***you know.***
- ***You see,*** *it just doesn't work like that.*
- ***Really?*** *That's news to me.*

Einen Dialog schreiben

Argumentative Dialoge

Hier sind einige nützliche Tipps für das Schreiben eines Dialogs.

SCHRITT 1 Lesen Sie die Aufgabenstellung gründlich durch, um sie genau zu verstehen. Prüfen Sie vor allem, ob das Thema in irgendeiner Weise eingeschränkt ist. (Das ist sehr wahrscheinlich.)

SCHRITT 2 Sortieren Sie Meinungen und Tatsachen, bevor Sie zu schreiben anfangen. Eine Tabelle oder ein ***mind map,*** das Pro, Kontra und „weiß nicht genau“ verbindet, ist hier sehr nützlich.

SCHRITT 3 Stellen Sie Pro und Kontra paarweise gegenüber, wie unten angedeutet. Das Thema ist an dieser Stelle das Verbot von Waffenexporten.

pros	*cons*
less arms – less conflicts	*people would just use other, less humane, weapons*
more money for food, school	*what money? Weapons bought with tied credits* (zweckgebundene Kredite)
immoral trade	*if we don't, somebody else will*
releases workers for new industries	*experience shows this doesn't happen*

SCHRITT 4 Schreiben Sie jetzt einen Entwurf, in dem ein Sprecher die Pro-Argumente und ein anderer die Kontra-Argumente benutzt. Lassen Sie einen Sprecher nicht zu lange reden, ohne dass er durch den anderen unterbrochen oder abgelöst wird. Dialoge sollten wie ein Tennisspiel geführt werden. Wenden Sie **Mittel der gesprochenen Sprache** an (▶ S. 97 ff.).

SCHRITT 5 Korrigieren Sie Ihren Dialog und fertigen Sie eine Reinschrift an.

Interviews

Hier einige Tipps für die Vorbereitung und Durchführung eines Interviews:

SCHRITT 1 Lesen Sie die Aufgabenstellung genau durch, um sie richtig zu verstehen. Prüfen Sie auch, ob das Thema in irgendeiner Weise eingeschränkt ist. (Dies ist fast immer der Fall.)

SCHRITT 2 Machen Sie eine Liste konkreter Fragen und ordnen Sie diese logisch von allgemeinen zu spezielleren Fragen. Fragen Sie Ihren **Interviewpartner** *(the interviewee)* zunächst nach seiner Meinung und schließen Sie weitere Fragen zu umstrittenen Punkten an. Überlegen Sie sich Fragen sowohl für eine Pro- als auch für eine Kontra-Antwort.
Formulieren Sie Ihre Fragen nicht immer gleich. Benutzen Sie verschiedene Frageformen. Beachten Sie auch die Form **Aussage + Frage** (▶ **Beispiele in der Liste,** S. 102).
Die Liste von Beispielfragen bezieht sich auf die Legalisierung von Drogen.

Die übrigen Schritte sind die gleichen wie diejenigen, die für **argumentative Dialoge** gelten (▶ S. 99).

What's your opinion on the legalisation of drugs?

Pro

- *Isn't it true that the drug laws criminalise otherwise decent people and bring young people into contact with criminals?*
- *Doesn't the ban on drugs just push up the price of cheap drugs like marihuana?*
- *The drug laws and high prices are said to put users at risk through blackmail and sexual abuse. What's your position on that?*
- *What do you say to the evidence that most theft among young people is drug-related?*
- *On the whole, the police are for limited legalisation. Surely they must know?*
- *What about America's experience? Doesn't that suggest that punishing users is no answer?*

Con

- *How do you answer the argument that legalising marihuana will encourage people to try drugs like heroin?*
- *What do you think of the argument that legalisation will lead to a huge increase in drug use?*
- *Do you think it's true that marihuana is no more harmful than social drugs like alcohol?*
- *Isn't it illogical to legalise marihuana just as we're trying to ban tobacco?*
- *Marihuana is said to lead to a euphoric feeling that everything's just great. Is that healthy in a competitive and fast-changing world?*
- *How would you finance legalisation? Through the health service?*

8.7 Filmrezension

Film review

Eine **Filmbesprechung** *(film review)* sagt,

1 was in dem Film passiert und

2 warum der Film für den/die Zuschauer/-in wichtig oder von Interesse ist.

vgl. hierzu auch Kapitel 4, Bild- und Filmanalyse

Die folgenden Hinweise sollten es Ihnen ermöglichen, eine gute Rezension bzw. einen passenden Kommentar zu verfassen:

SCHRITT 1 Schauen Sie sich den Film (mehrfach) an und stellen Sie sicher, dass Sie ihn verstanden haben. Machen Sie sich jetzt noch keine Gedanken über die spätere sprachliche Darstellung. Konzentrieren Sie sich ganz auf den Film.

SCHRITT 2 Schauen Sie sich den Film erneut an und drücken Sie nach jeder Szene auf Pause. Notieren Sie alles, was Sie sehen. Treffen Sie bei Ihren Notizen jetzt noch keine Materialauswahl! Wenn möglich, verfassen Sie Ihre Notizen auf Englisch. Falls Ihnen jedoch ein englischer Begriff nicht einfällt, so schreiben Sie diese Notiz lieber auf Deutsch, als dass Sie ein Detail auslassen. Machen Sie sich jetzt noch keine Gedanken über das Vokabular, verwenden Sie Abkürzungen und notieren Sie Schlüsselwörter (▶ **Hörverständnis,** S. 26 ff.).

SCHRITT 3 Wenn Sie Ihre Notizen gemacht haben, schauen Sie sich den Film (ggf. im Schnelldurchlauf) noch einmal an, um sicherzustellen, dass Sie alles berücksichtigt haben. Falls Sie deutsche Wörter notiert haben, ersetzen Sie diese durch die englischen Begriffe.

SCHRITT 4 Gehen Sie nun Ihre Notizen durch und streichen Sie das irrelevante Material. Konzentrieren Sie sich nur auf die wichtigsten und interessantesten Punkte. Achten Sie darauf, dass Sie so viele der sechs journalistischen Fragen *(who?, what?, where?, when?, how?, why?)* wie möglich beantworten können (▶ **Informative Sachtexte,** S. 50 f.).

SCHRITT 5 Erstellen Sie nun Ihre Filmrezension. Verwenden Sie hierfür kurze Sätze.

Zur Erinnerung (die Beispiele sind aus einem Naturfilm über Füchse):

- Verwenden Sie das ***present progressive,*** wenn Sie beschreiben, was auf dem Bildschirm in diesem Moment vorgeht:
  - *The female fox **is carrying** her cubs to safety.*
- Verwenden Sie das ***present perfect,*** wenn Sie darlegen, was gerade passiert ist:
  - *She **has just crossed** a busy road.*
- Verwenden Sie das ***simple past*** für zusätzliche Informationen über Vorgänge, die nun in der Vergangenheit liegen:
  - *Luckily, there **was** no traffic on the road at the time.*

Das Schreiben fiktionaler Texte 9

9.1 Kreatives Schreiben
Creative writing

Das Schreiben von „kreativen Texten“ spielt in den Lehrplänen eine wichtige Rolle.
Im englischsprachigen Raum ist *creative writing* – z. B. das Schreiben einer Kurzgeschichte oder eines Gedichtes – äußerst beliebt. Das freie Schreiben kann aber nur bedingt auf den fremdsprachlichen Unterricht übertragen werden, da es eine künstlerische Begabung verlangt, die beim Erwerb einer Fremdsprache nur eine untergeordnete Rolle spielt.
Aus diesem Grund wird im Englischunterricht eher das Schreiben von „textbezogenen Texten“ verlangt, das auf den Inhalt und die Sprache eines im Unterricht durchgenommenen Textes zurückgreift.

Typische Aufgabenstellungen zum freien Schreiben

- die **Fortführung** einer Kurzgeschichte oder eines Theaterstückes, z. B.:
  - *How do you think the story could continue / go on?*
  - *Write a further scene to show how the play might continue.*
- das Verfassen einer bekannten Geschichte aus **einer anderen Erzählperspektive,** z. B.:
  - *Rewrite the … incident from …'s point of view.*
  - *Describe … through … eyes.* (▶ **Erzählperspektive,** S. 80 ff.)
- das Schreiben eines **Berichts** (▶ S. 94 f.) oder eines **Briefs,** z. B.:
  - *Write a police report about the accident / the suicide attempt / …*

9

  - *Write a letter from … to … about what happened in the story/ play.*
- Das Schreiben eines **Interviews** oder eines Privatgespräches (▶ S. 101), z. B.:
  - *Write an interview between … and the police / a reporter.*
  - *Write a private conversation between … and … about the incident when …*

9.2 Wie man die Fortführung einer Geschichte schreibt

Writing the continuation of a story

Es gibt keine festen Regeln zum Verfassen kreativer Texte, jedoch durchaus ein paar hilfreiche Tipps:

1 Versuchen Sie, sich immer in die Lage der Figur zu versetzen, die in der Handlung beschrieben wird. Dann stellen Sie sich folgende Fragen:

- Was würde ich in dieser Situation tun?
- Wie würde ich jetzt reagieren?

2 Beim Schreiben sollten Sie sich immer vorstellen, dass Sie mit einem guten Freund entspannt und verbindlich reden. So gelingt Ihnen eine natürliche Schreibweise.

Die folgenden Arbeitsschritte helfen Ihnen beim Schreiben:

SCHRITT 1 Vergewissern Sie sich zuerst, dass Sie die **Handlung** der Geschichte vollständig verstanden haben. Beachten Sie, dass zum Verständnis des *plot* neben dem Verstehen des Handlungsverlaufes auch die Einsicht in die Charaktere gehört (▶ **Charakterisierung**, S. 83 ff.).

SCHRITT 2 Das Schreiben der Fortführung einer bestehenden Geschichte ist nur bedingt frei oder „kreativ“, da die Handlung weitgehend vorgegeben ist. Daher bearbeiten Sie diese **sechs Schlüsselfragen** als eine vorbereitende Maßnahme:

1 Wie verhalten sich die Charaktere? Welche Stärken und Schwächen haben sie? Wie sind ihre Beziehungen zueinander ausgeprägt?

2 Aus welcher **Erzählperspektive** *(point of view)* wird die Handlung dargestellt? Wird ein **Ich-Erzähler** *(first person narrator)* oder ein **Beobachter** *(third person narrator)* benutzt? Falls ein Beobachter verwendet wird, ist er **allwissend** *(omniscient)* oder **außenstehend** *(limited)*? (▶ **Erzählperspektive,** S. 80 ff.)

3 Welche **Konfliktsituationen** kommen in der Geschichte vor? Wie wird der Konflikt dargestellt und behandelt? Wird die Situation gelöst oder existiert sie noch in anderer Form weiter?

4 Wie sind der **Handlungsort** *(setting)* und die **Atmosphäre** *(atmosphere)* gewählt? (▶ **Handlungsort und Atmosphäre,** S. 76 ff.)

5 In welcher **Situation** befindet sich der betroffene Charakter am Ende der Geschichte? Wie sieht also der **Ausgangspunkt** *(point of departure)* Ihrer Fortsetzung der Geschichte aus?

6 Wo soll Ihre Geschichte hinführen? In welcher Lage sollte(n) sich die Person(en) am Ende Ihres Textes befinden?

SCHRITT 3 Sammeln Sie Ihre Ideen in einer *mind map.*

SCHRITT 4 Werten Sie Ihre Ideen gemäß den Schlüsselfragen oben aus. Achten Sie besonders auf Glaubwürdigkeit und **Konsequenz** *(consistency).*

SCHRITT 5 Jetzt haben Sie ein mögliches **Szenario** entwickelt. Benutzen Sie dieses Szenario, um Ihre Fortführung der Geschichte zu verfassen.

Achten Sie dabei auf folgende Punkte:

1 Benutzen Sie unbedingt dieselbe **Zeitform,** die in der Originalgeschichte verwendet wird.

2 Versuchen Sie, denselben **Stil** und dieselbe **Wortwahl** wie im Original zu verwenden. (▶ **Sprachgebrauch und Stilmittel,** S. 67 ff.)

3 Halten Sie sich an folgende Empfehlungen des Schriftstellers George Orwell:

- *Never use a metaphor, simile, or other figure of speech* (Stilmittel) *which you are used to seeing in print.*
- *Never use a long word where a short one will do.*
- *If it is possible to cut a word out, always cut it out.*
- *Never use the passive where you can use the active.*
- *Never use a foreign phrase, a scientific word or a jargon word if you can think of an everyday English equivalent.*
- *Break any of these rules sooner than saying anything outright barbarous* (ausgesprochen primitiv).

SCHRITT 6 Überprüfen Sie Ihren Entwurf auf mögliche Fehler und fertigen Sie dann eine Reinschrift an.

9.3 Aus einer anderen Erzählperspektive schreiben
Writing a point-of-view-story

Eine **Geschichte aus einer anderen Erzählperspektive** *(point-of-view-story)* ist im Schulgebrauch eine Geschichte oder ein Handlungsabschnitt, der aus dem Blickwinkel eines anderen Charakters beschrieben wird. Der ursprüngliche Erzähler wird also durch einen neuen Erzähler ersetzt. Im Folgenden erfahren Sie, wie Sie verschiedene Geschichten aus einer anderen Erzählperspektive schreiben können. Zur Verdeutlichung sei angemerkt, dass der Wechsel der Erzählperspektive nicht nur die Änderung des Betrachters (also von einem Erzähler zum nächsten), sondern immer auch die Änderung des Stilmittels (also z. B. vom Ich-Erzähler zum außenstehenden Beobachter) beinhaltet.

Geschichten aus der Sicht des Ich-Erzählers
Geschichten eines Ich-Erzählers sind am einfachsten in einer anderen Erzählperspektive zu schreiben. Hierzu ist es grundsätzlich möglich, irgendeinen Charakter aus der Geschichte zu wählen. In der Praxis ist es jedoch am effektivsten, die Rollen zwischen dem ursprünglichen Erzähler und einem der Hauptcharaktere als neuem Erzähler zu tauschen. (▶ **Ich-Erzähler,** S. 82)

9

Geschichten aus der Sicht des allwissenden Beobachters
Der allwissende Erzähler gibt eine Geschichte aus der Sicht eines Charakters wieder, also aus der Sicht des/der Helden/Heldin. Da der Erzähler „allwissend“ *(omniscient)* ist, kann er nicht nur Aktionen und Äußerlichkeiten beschreiben, sondern auch seine oder ihre Gedanken und Gefühle (▶ **allwissender Beobachter,** S. 81 ff.). Es bestehen zwei Möglichkeiten, die Geschichte eines allwissenden Beobachters aus einer anderen Erzählperspektive zu schreiben:

1 Sie können die Schreibweise in der dritten Person beibehalten, aber die Geschichte aus dem Blickwinkel eines anderen Charakters erzählen. Beispiel: In Kriminalgeschichten gibt der Erzähler sehr oft die Handlung aus der Sicht der Polizei wieder. In diesem Fall können Sie einen Erzähler in der dritten Person die gleiche Handlung aus der Sicht des Täters erzählen lassen. Dies entspricht der Erzählperspektive des außenstehenden Beobachters.

2 Sie können einfach den Hauptcharakter oder einen der Hauptcharaktere als Ich-Erzähler verwenden (▸ S. 110).

Geschichten aus der Sicht des außenstehenden Beobachters

Der außenstehende Beobachter gibt eine Geschichte aus der Sicht eines Reporters wieder *(„a fly on the wall")* (▸ **außenstehender Beobachter,** S. 81).
Um solche Geschichten umzuwandeln, muss man entweder einen Ich-Erzähler oder einen allwissenden Beobachter verwenden (▸ S. 110).
Von letzterer Möglichkeit ist jedoch abzuraten, da sie extrem anspruchsvoll ist. Aus diesem Grund sollten Sie solche Geschichten umwandeln, indem Sie einen passenden Ich-Erzähler verwenden.

Verwenden Sie folgende Schritte, wenn Sie Geschichten aus einer anderen Erzählperspektive schreiben:

SCHRITT 1 Wenn Sie möchten, können Sie diese Aufgabe auch gut zu zweit bearbeiten. Wie immer sollten Sie zuerst sicherstellen, dass Sie die Originalgeschichte bzw. den entsprechenden Abschnitt verstanden haben, bevor Sie mit der Arbeit beginnen. Neben der Handlung sollten Sie insbesondere auch auf die Gefühle und **Beweggründe** *(motives)* der einzelnen Charaktere achten.

SCHRITT 2 Beginnen Sie zuerst mit einer provisorischen Liste der vorzunehmenden Änderungen an der Geschichte. Diese Liste sollte folgende Punkte beinhalten:

1 Formale **grammatikalische Veränderungen,** insbesondere Pronomen und entsprechende Verbindungen, sowie einige Adverbien und Präpositionen;

2 Durch die veränderte Erzählperspektive **notwendige Ergänzungen** zum Original;

3 Durch diese Veränderung notwendige **Streichungen** vom Original.

SCHRITT 3 Überprüfen Sie Ihre Liste auf Vollständigkeit. Achten Sie insbesondere auf Ergänzungen und Streichungen. Versetzen Sie sich für **Ergänzungen** in die Lage des erzählenden Charakters. Fragen Sie sich:

- Wie würde ich mich fühlen? Was würde ich sagen?

Bei **Streichungen** sollten Sie sich fragen:

- Würde ich dies über die Person wissen? Ist dies nicht der Fall, lassen Sie es aus.

SCHRITT 4 Wenn Sie meinen, dass Ihre Liste vollständig ist, schreiben Sie einen Entwurf Ihrer Geschichte aus der neuen Erzählperspektive. Achten Sie darauf, stets dieselben Zeiten und den gleichen Stil zu verwenden wie das Original.

SCHRITT 5 Überprüfen Sie Ihren Entwurf auf mögliche Fehler und fertigen Sie eine Reinschrift an.

9.4 Prosa in Bühnenstücke oder Drehbücher umwandeln

Changing prose stories into plays or screenplays

Bevor Sie weiterlesen, schauen Sie sich zunächst erneut den Abschnitt **Bild- und Filmanalyse** (▶ S. 29 ff.) an. Dort finden Sie grundlegende Informationen darüber, wie Sie ein Printmedium in ein visuelles Medium umwandeln.
Halten Sie sich an die folgenden Schritte (hier ist auch Partnerarbeit möglich):

SCHRITT 1 Vergewissern Sie sich, dass Sie den Prosatext im Original verstanden haben. Achten Sie dabei insbesondere auf die Charakterisierung, also darauf, wie sich die einzelnen Personen verhalten und wie dies dem Leser vermittelt wird.

SCHRITT 2 Teilen Sie den Text in die folgenden vier Teile auf:
1 Beschreibung des **Handlungsortes;**

2 Beschreibung der Bewegungen der verschiedenen Personen, einschließlich **Gestik** und **Mimik;**

3 **Direkte Rede** einschließlich **Tonfall,** z. B. ärgerlich oder weich;

4 **Gedanken** der einzelnen Charaktere. Falls Ihnen das Buch selbst gehört, markieren Sie die entsprechenden Passagen mit einem Textmarker oder durch farbiges Unterstreichen. Falls Sie das Buch ausgeliehen haben, notieren Sie Zeilennummern auf einem separaten Papier.

SCHRITT 3 Die vier Elemente einer fiktiven Prosageschichte können Sie wie folgt in die entsprechenden Elemente eines Bühnenstückes oder Filmes umwandeln:
1 **Handlungsort:** Bühnen- oder Setanweisungen für den Bühnen- oder Setdesigner und/oder Regisseur am Anfang einer Szene.

2 **Bewegungen:** Regieanweisungen für die Darsteller und den Regisseur (in Klammern) an der entsprechenden Stelle im Manuskript.

3 **Direkte Rede:** Dialoge nach dem Namen der Person mit Regieanweisungen in Klammern.

4 **Gedanken:** Gesichtsausdrücke und möglicherweise zusätzliche Dialoge. Bleiben Sie glaubwürdig! Je gründlicher und besser Sie sich in den fiktiven Charakter hineinversetzen, desto besser wird Ihr Text!

SCHRITT 4 Verteilen Sie die Dialoge, also die Sprechauftritte und Rollen, auf die einzelnen Charaktere. Müssen Sie zusätzliche Dialoge einfügen, um die Gedanken einer Person auszudrücken? Ist dies der Fall, so überlegen Sie, ob diese Gedanken von der Person selbst gesprochen werden können oder ob hierfür ein neuer Charakter geschaffen werden muss. Wenn möglich, lassen Sie Gedanken und Gefühle aus, die schauspielerisch nur schwer darzustellen sind. Überlassen Sie dies dem Vorstellungsvermögen des Publikums.

SCHRITT 5 Schreiben Sie die Regieanweisungen wie in Schritt 3 beschrieben. Zur Hilfe können Sie diese in anderen Bühnenstücken nachlesen.

SCHRITT 6 Überprüfen Sie Ihren Entwurf auf mögliche Fehler und fertigen Sie eine Reinschrift an.

10 Präsentationsfertigkeiten

10.1 Referate verfassen und halten
Writing or giving a talk or speech

Besonders in der Oberstufe wird das Referat bzw. der *talk* (▶ unten) eingesetzt, um Schülern zu ermöglichen, ein Thema intensiv und vor allem selbstständig zu erforschen.

Die Vorbereitung eines Referats

Auch wenn Sie ein Referat mündlich vortragen, sind eine gründliche Vorbereitung und einige schriftliche Notizen unerlässlich. Hier einige wichtige **Arbeitsschritte** und **Tipps** zur Vorbereitung eines *talk:*

SCHRITT 1 Sammeln Sie Ideen anhand eines *mind map* bzw. *topic web*. Berücksichtigen Sie dabei auch Materialien aus früheren Englischkursen, anderen Fächern und sonstigen Quellen.

SCHRITT 2 Bringen Sie Ihre Gedanken in eine logische Reihenfolge **kleiner Schritte,** wie bei einer Nachrichtensendung im Radio oder Fernsehen. So vermeiden Sie, unnötig abzuschweifen oder den Faden zu verlieren.

NOTICE Beachten Sie unbedingt, dass sogar eine interessierte Zuhörerschaft nur über eine sehr kurze Konzentrationsspanne verfügt. Fünf Minuten sind schon eine lange Zeit. Danach baut die Konzentration der Zuhörer steil ab. Daher ist es ratsam, Ihre wichtigsten Argumente und Punkte so früh wie möglich vorzutragen.

TIPPS zum Inhalt:

1 Erregen Sie die Aufmerksamkeit Ihrer Zuhörer zu Beginn mit einer provokativen Aussage, einer rhetorischen Frage (▶ S. 75) oder einer kurzen persönlichen Anekdote.

NOTICE Seien Sie vorsichtig mit dem Einsatz von **Witzen,** weil diese vor allem in einer Fremdsprache falsch oder gar nicht verstanden werden könnten. Ihr Referat würde dann mit einem peinlichen Moment der Stille anfangen.

2 Medien wie z. B. ein Foto, eine **Folie** *(transparency)* oder ein Gegenstand, der etwas mit dem Thema zu tun hat, lassen sich gut einsetzen, um Aufmerksamkeit zu wecken.

3 Viele Referate werden in der Schule in Form einer **Argumentation** gehalten. Sie stellen also einen durch Beweise gestützten Standpunkt dar.

Gliederung von Argumentationen (▶ S. 53): Referate über eher unstrittige Themen wie z. B. *Why people should vote* oder *Exercise as an important part of a healthy lifestyle* sind meist in drei Teile gegliedert:

Einleitung	Darstellung des Themas und der eigenen Meinung
Argumentation	Beweise, die Ihre Meinung und Gedanken unterstützen
Schlussfolgerung	Wiederholung der Meinung und knappe Zusammenfassung der wichtigsten Argumente

Wenn Sie über kontroverse Themen wie z. B. *euthanasia, the legalisation of drugs* oder the *reintroduction of the death penalty* sprechen, sollten Sie Ihr Referat in **vier Abschnitte** einteilen:

Einleitung	Lösungsvorschlag für das Problem, z. B. *Euthanasia ought to be legalised.* Erläutern Sie noch nicht Ihre Meinung.

Argumentation I	Argumente gegen den Vorschlag (Kontra)
Argumentation II	Argumente für den Vorschlag (Pro)
Schlussfolgerung	Ihre eigene Meinung mit einer kurzen Zusammenfassung Ihrer Gründe

TIPPS zum Formulieren:

1 Nutzen Sie kurze, präzise Sätze mit nicht mehr als neun oder zehn Wörtern.

2 Konzentrieren Sie sich auf das Thema. Machen Sie keine Gedankensprünge, schweifen Sie nicht ab und wiederholen Sie sich nicht.

3 Betonen Sie Ihre wichtigsten Argumente und Beweise.

Ein Referat halten

NOTICE Wie Sie Ihr Referat vortragen, spielt eine wichtige Rolle. Ein interessantes Thema kann den Zuhörern durch eine langweilige und eintönige Vortragsweise als ebenso langweilig und eintönig erscheinen. Ein weniger ansprechendes Thema kann von einer lebendigen, kurzweiligen Vortragsweise enorm profitieren.

Hier einige Tipps, die Ihnen helfen werden, ein interessantes Referat zu halten:

TIPP 1 **Lesen Sie Ihr Referat nicht vor,** aber lernen Sie es auch nicht auswendig. Lesen Sie es besser einige Male entspannt durch, sodass Sie den Inhalt und die Struktur gut im Kopf haben. Schreiben Sie dann Ihre **Stichpunkte** *(notes)*, also **Schlüsselwörter** *(key words)*, groß und gut lesbar z. B. auf Karteikarten, die Sie während des Vortragens wie ein Talkshow-Moderator als Orientierungshilfe benutzen können.

TIPP 2 **Schauen Sie Ihre Zuhörer an,** fixieren Sie jedoch niemanden. Gute Redner bzw. Rednerinnen lassen ihren Blick durch den Raum schweifen, während sie sprechen.

TIPP 3 **Stehen Sie nicht zu steif** da, aber laufen Sie auch nicht hektisch umher. Versuchen Sie, entspannt und selbstbewusst zu sein – stellen Sie sich vor, Sie sprächen zu einem Freund oder einer Freundin.

TIPP 4 **Betonen** Sie wichtige Punkte, indem Sie z. B. etwas lauter und langsamer sprechen.

TIPP 5 Unterstützen Sie wichtige Aspekte mit **Gesten,** aber werden Sie dabei nicht zum Schauspieler.

10.2 Projektarbeit
Doing projects

Ein Projekt ist eine umfassende Aufgabe, die in Einzel- oder Gruppenarbeit, oft ohne direkte Hilfe der Lehrkraft (obwohl diese natürlich Tipps gibt und die Arbeit betreut) innerhalb und außerhalb des Klassenraums erarbeitet wird.
Die Erstellung einer Projektmappe ist in **drei Abschnitte** *(three stages)* eingeteilt, die Sie systematisch durcharbeiten sollten:

1 Planung des Projekts
2 Informationen sammeln
3 Informationen ordnen

1 Planung

Es ist erstaunlich, wie viele Projekte nur mit einem provisorischen Arbeitstitel begonnen werden. Dabei kann eine Stunde Planungsarbeit später mehrere Stunden „Reparaturarbeit" einsparen. Sorgfältige Planung macht eine Beschreibung der Projektarbeit außerdem interessanter und schlüssiger.
Achten Sie zunächst darauf, dass Ihr Thema nicht zu umfangreich ist. Suchen Sie sich ein klar abgegrenztes Problem, das Sie ohne Schwierigkeiten in Ihrer Umgebung erforschen können. Hier einige Beispiele:

Ungünstige Themen	Geeignete Themen
Protecting the environment	*Environmental protection at home*
European transport systems	*Getting around in my home town*
Employment in a global economy	*Local job opportunities for the young*
Tourism and the world's ecosystems	*Nature reserves in our region*

Wenn Sie ein Thema gefunden haben, teilen Sie es in logisch geordnete Teilbereiche ein. Nehmen wir *Environmental protection at home* als Beispiel. Machen Sie zunächst ein *mind map* über alles, was mit dem Thema zu tun haben könnte. **Ordnen Sie** dieses Material in einer übersichtlichen Form, z. B. so:

WASTE:
waste avoidance (Abfallvermeidung)
recycling
disposing of toxic substances

CONTROLLING ENERGY CONSUMPTION:
insulation against heat loss (Isolierung gegen Wärmeverlust)
temperature regulation
stand-by switches
unnecessary electric gadgets
unnecessary use of cars, motorbikes

TOXIC SUBSTANCES:
building materials
cleaning agents
pest control (Schädlingsbekämpfung)
weed control (Unkrautbekämpfung)

Wenn Sie eine anschauliche und zweckmäßige Liste der Themen und Unterthemen zusammengestellt haben, gehen Sie zum nächsten Schritt über. Vergessen Sie nicht, dass die Projektplanung zu diesem Zeitpunkt noch nicht endgültig abgeschlossen sein muss. Sie kann ohne Weiteres auf die Informationen abgestimmt werden, die Sie noch sammeln.

2 Informationen sammeln

Wenn Sie Informationen sammeln, sollten Sie möglichst englischsprachige Quellen aus dem Internet nutzen. Sie werden aber vermutlich nicht umhinkommen, auch deutsche Quellen einzusetzen.

NOTICE **Übersetzen Sie** deutschsprachige Informationen **nicht** ins Englische. Es ist viel praktischer, zum deutschen Material kurze englische Notizen zu machen, die dann für Ihren eigenen zusammenhängenden englischen Text genutzt werden können.

Je nach Thema können Sie zusätzlich zum Internet auch Informationen von unterschiedlichen **Quellen** beziehen:

- Familie, Freunde und Nachbarn; Mitschüler/-innen; andere Fachlehrer und -lehrinnen, sofern diese als Experten etwas zum Thema beitragen können.
- Enzyklopädien, Jahrbücher, Lexika
- Presse, vor allem wöchentliche Nachrichtenmagazine und spezielle Zeitschriften
- Fernsehen, besonders die dritten Programme der ARD und die englischsprachigen Sender CNN, NBC und BBC World. Suchen Sie auch online in deren Mediatheken nach Material.
- Radio, z. B. Voice of America, BBC World Service, Deutschlandfunk, National Public Radio.

Von den folgenden Quellen können Sie oft kostenfreie Informationen sowie ausgezeichnetes Anschauungsmaterial erhalten:

- Bundeszentrale für politische Bildung
- Örtliche Banken, Firmen und Betriebe, die im Bereich Ihres Themas tätig sind
- Örtliche gemeinnützige Organisationen, Aktionsgruppen, z. B. Greenpeace
- Informationsdienste der Bundesministerien, Industrie und Handelskammer
- Organisationen wie The British Council, Amerika Haus und das Deutsch-Amerikanische Institut.

3 Informationen ordnen

Hier sind einige hilfreiche Tipps zum Ordnen von Informationen.

- Führen Sie eine **übersichtliche Projektmappe**, entweder in geordneter digitaler Form oder als Mappe mit **Registerblättern** zwischen jedem Abschnitt und Unterpunkt.
- Erstellen Sie immer ein **aktuelles** Material- und Inhaltsverzeichnis.
- Notieren Sie unbedingt die Quelle einer Information, sobald Sie diese finden.

Beispiele für eine korrekte Quellenangabe:

- Button, J. (1990). *How to be Green*, London: Guild Publishing.
- "Protests in Ukraine". *The Economist*, 30 January 2014: 10–15
- UN: World Wasting $129 Billion on Inadequate Education. 29 January 2014, www.time.com/time/.

Zu guter Letzt noch vier wertvolle **Tipps:**

TIPP 1 Ordnen Sie das Material sofort ein, wenn Sie es finden.

TIPP 2 Machen Sie einen **eigenen Absatz** für jeden Punkt, den Sie sich notieren, und seien Sie großzügig mit freien Zeilen zwischen den Absätzen.

TIPP 3 **Untertitel und Absatzüberschriften** helfen Ihnen, Ihr Material logisch zu ordnen und später eine überzeugende Präsentation des Projekts zu geben.

TIPP 4 Sammeln Sie **Illustrationen und Grafiken,** um Texte zu ergänzen. Anschauliche Medien machen Ihre Präsentation viel interessanter und verständlicher. Setzen Sie **Farben** ein.

10.3 Das Schreiben von Klausuren

Doing exams

Die folgenden **Tipps** können helfen, mit Klausuren besser umzugehen.

Wichtige allgemeine Regeln

1 Lassen Sie sich Zeit, um Ihre Gedanken und Notizen zu ordnen, bevor Sie mit dem Schreiben beginnen.

2 Gehen Sie beim Verfassen von Notizen/Stichpunkten systematisch vor.

3 Fragen Sie direkt nach, wenn Sie eine Aufgabe nicht verstehen.

4 Bedenken Sie, dass jeder in seinem eigenen Tempo arbeitet. Messen Sie Ihr Arbeitstempo nicht an dem anderer Mitschüler!

5 **Verärgern Sie den/die Prüfer/-in nicht** mit:

- unlesbarer Schrift,
- undeutlichen Durchstreichungen und der Korrektur von Buchstaben durch Überschreiben,
- fehlendem Korrekturrand (mind. 1/3 Seitenbreite!),
- falscher oder keiner Wortzählung,
- überflüssig langen Textzitaten,
- Wiederholungen zur Erhöhung der Wortzahl,
- der Abhandlung zweier Fragen in einer Antwort,
- unnötigem Abschreiben von Textpassagen, ohne dass Sie zu-

mindest den Versuch machen, Ihre eigene Sprache zu benutzen,
- fehlendem Abstand zwischen zwei Antworten (mindestens zwei Zeilen frei lassen),
- falscher oder fehlender Nummerierung der Antworten.

6 Nutzen Sie die zulässigen Hilfsmittel! Schlagen Sie in Zweifelsfällen im einsprachigen Wörterbuch nach, um Fehler bei der Textproduktion zu vermeiden.

Neun Schritte, die zum Erfolg führen

SCHRITT 1 Lesen Sie den gesamten Text (der Titel gehört auch dazu) einmal durch, um den wesentlichen Sinn zu erkennen. Schlagen Sie noch keine unbekannten Wörter nach.

SCHRITT 2 Lesen Sie den Text ein zweites Mal und achten Sie nunmehr auf Details. Unterstreichen Sie Wörter, die Sie nicht verstehen, schlagen Sie sie aber noch nicht nach.

SCHRITT 3 Suchen Sie aus den markierten Wörtern die **sinntragenden Wörter** heraus. Das sind Nomen und Verben, die manchmal durch Adjektive bzw. Adverbien ergänzt werden. Ignorieren Sie zunächst die restlichen unbekannten Wörter – diese müssen Sie nicht verstehen, um den Sinn eines Satzes erfassen zu können.

SCHRITT 4 Schlagen Sie die wichtigen unbekannten Wörter nach. Dabei gilt: Benutzen Sie zunächst Ihren Kopf und versuchen Sie Folgendes:
- Schauen Sie, ob Übersetzungen in **Fußnoten** oder **Anmerkungen** *(annotations)* am Ende des Textes versteckt sind. Dies gilt vor allem für Wörter, die so selten vorkommen, dass der/die Prüfer/-in meint, niemand werde sie verstehen.
- Überlegen Sie, ob ein ähnliches Wort in Ihrer Muttersprache oder einer anderen Fremdsprache vorkommt. (Hüten Sie sich jedoch vor „falschen Freunden“, ▶ S. 6 f.)
- Versuchen Sie, die ungefähre Bedeutung aus dem Sinnzusammenhang zu erschließen. (Raten allein reicht meist nicht.)

Nachdem Sie diese Möglichkeiten genutzt haben, werden Sie erstaunt sein, wie wenige Wörter Sie nachschlagen müssen.

SCHRITT 5 Lesen Sie nun die Aufgabenstellung genau durch. Sie besteht in der Regel aus mehreren Teilaufgaben, die meist drei unterschiedlichen **Anforderungsbereichen (AFB)** zugeordnet sind: AFB I – **Reproduktion**, AFB II – **Analyse** und AFB III – **Reflexion.** Die folgende Tabelle mit typischen **Operatoren** (Arbeitsanweisungen) zu den jeweiligen AFB soll Ihnen dabei helfen, Arbeitsaufträge besser zu verstehen und Fragen präzise zu bearbeiten.

Operator	Bedeutung
Anforderungsbereich I (Reproduktion)	
Describe …	Beschreibung eines Vorgangs oder die möglichst präzise, strukturierte Darstellung eines Gegenstands
Outline …	Sachverhalte oder Meinungen auf das Wesentliche reduziert darstellen
State …	Im Text vertretene Sachverhalte oder Meinungen klar definieren
Point out …	Zentrale Sachverhalte oder Aussagen herausfiltern und erläutern
Summarise …/ Write a summary	Die wichtigsten Punkte einer Fragestellung zusammenfassen
Anforderungsbereich II (Analyse)	
Analyse …/ Examine …	Aspekte des Textes ausführlich und unter Verwendung der Fachsprache beschreiben; ihre Funktion im Hinblick auf die Textintention erläutern
Characterize …/ Write a characterization of …	Art und Weise der Figurendarstellung in einem Text beschreiben und untersuchen
Explain …	Genaue Erläuterung eines Sachverhalts (z. B. Gesetzmäßigkeiten, Ursachen)
Interpret …	Die Bedeutung eines Textes oder Textteils feststellen und nachvollziehbar begründen
Compare …	Übereinstimmungen und Unterschiede zwischen Bestandteilen eines Textes am Text nachweisen

Operator	Bedeutung
Anforderungsbereich III (Reflexion)	
Evaluate ...	Anhand klar definierter Maßstäbe und Kriterien eine Entscheidung oder Vorgehensweise objektiv auf ihre Eignung hin untersuchen
Discuss ...	Zu einer Ausgangsthese mindestens zwei verschiedene Standpunkte sowie deren Argumentation aufführen und gegeneinander abwägen; mit einem begründeten eigenen Urteil abschließen
Comment on ...	Die eigene Meinung zu einem Thema strukturiert darstellen und mit geeigneten Beispielen und Argumenten begründen
Assess ...	Abwägen aller Vor- und Nachteile einer Sache, um zu einer objektiven Bewertung zu gelangen
Compare ...	Unterschiede und Gemeinsamkeiten nach festen Sachkriterien bestimmen; hier genügt es nicht, zwei Objekte oder Phänomene verbindungslos gegenüberzustellen
Imagine .../ Invent .../ Write ...	Aufgabenstellungen des *creative writing:* in eine neue Situation oder eine fremde Rolle schlüpfen; eine geforderte Textsorte verfassen, z. B. *newspaper article, letter to the editor;* gefordert sind Vorstellungskraft und die Fähigkeit, Imaginäres in Sprache zu fassen

SCHRITT 6 Beantworten Sie jetzt eine Frage nach der anderen. Schreiben Sie ggf. einen Entwurf. Beantworten Sie jede Frage lückenlos, aber wiederholen Sie sich nicht und setzen Sie kein überflüssiges Material ein. Vergleichen Sie Ihre Antwort immer wieder mit der Aufgabenstellung.

SCHRITT 7 Kontrollieren Sie Ihren Entwurf auf sprachliche Fehler, z. B. im Hinblick auf folgende Probleme:

- Rechtschreibung, vor allem bei Wörtern aus dem Text oder der Aufgabenstellung
- Zeiten (denken Sie daran, dass Sie das *simple present* benutzen, wenn Sie Texte wiedergeben und interpretieren)
- Wortstellung, besonders bei Adverbien

- Kombination von Zeiten in *if*-Sätzen
- zählbare und nicht zählbare Nomen
- Verben, denen ein Infinitiv oder Gerundium folgt
- die unzulässige Anwendung des bestimmten Artikels

SCHRITT 8 Sollte Ihr Text dem Wortlaut des Originaltextes in Teilen noch zu sehr ähneln, setzen Sie, wenn möglich, Synonyme ein – hier ist das Wörterbuch eine große Hilfe.

SCHRITT 9 Wenn Sie mit Ihrem Entwurf zufrieden sind und die Zeit reicht, fertigen Sie eine Reinschrift an. Achten Sie beim Übertragen darauf, keine Flüchtigkeitsfehler zu machen.

11 Landeskunde

Von Großbritannien in die ganze Welt – das Englische ist eine Weltsprache. Die Abenteurer, die nach der Entdeckung Nordamerikas einen ihnen unbekannten Kontinent eroberten, haben dem neuen Land ihren Stempel aufgedrückt: Weil es in Europa technische Mittel gab, die den Einwanderen eine Überlegenheit verschafften, wurde das Englische Hauptsprache im heutigen Nordamerika. Und in Afrika, Indien und im Pazifischen Raum waren es die Kolonialherren, die für die weite Verbreitung ihrer Sprache sorgten. Das Englische wurde zur *lingua franca,* weil die Briten als bedeutende Seemacht Handelsbeziehungen aufbauten und sich mit unterschiedlichen Mitteln, die unbedingt kritisch hinterfragt werden müssen, Macht und Einfluss sicherten.

11.1 Großbritannien

Great Britain

Großbritannien – the **United Kingdom of Great Britain und Northern Ireland** – besteht aus vier Landesteilen:

- England
- Wales
- Schottland
- Nordirland.

Das politische System

Großbritannien ist eine **parlamentarische Demokratie** *(parliamentary democracy)*: Im Zentrum steht das Parlament, das sich aus zwei sog. „Houses" zusammensetzt:

Das *House of Commons* hat 650 gewählte Mitglieder (Members of Parliament, abgekürzt MP).
Das *House of Lords* hat 793 Mitglieder, *peers*, die ernannt, nicht von der Bevölkerung gewählt werden. Es hat jedoch keine gesetzgebenden Befugnisse.
Die Königin ernennt den Premierminister *(Prime Minister)*: Das ist immer der Vorsitzende der Partei, die die Mehrheit im Hause of Commons hat. Er regiert gemeinsam mit dem Kabinett *(Cabinet)*, dessen Mitglieder er beruft.
Wahlen werden alle fünf Jahre abgehalten, das Wahldatum wird vom Premierminister festgelegt. Sobald es bekannt ist, löst die Königin das bestehende Kabinett auf.

In Großbritannien bestimmen drei Parteien die politische Landschaft: Die *Labour Party*, die *Conservative Party* und die *Liberal Democratic Party*. Darüber hinaus haben vor allem in Schottland, Wales und Nordirland auch einige kleinere Parteien Möglichkeiten, Einfluss zu nehmen.

11.2 Großbritannien und Commonwealth

Die Anfänge von Großbritannien als Weltmacht liegen im 16. Jahrhundert, als Seefahrer wie z. B. Sir Francis Drake aufbrachen, um aus ihren Eroberungen Kapital zu schlagen. Im 17. Jahrhundert etablierten die Briten Kolonien in Nordamerika und der Karibik. Jahrzehnte später, im 18. Jahrhundert (ab 1788) diente den Briten der australische Kontinent als Straflager.
Ebenfalls im 18. Jahrhundert nahm Großbritannien in Asien Besitz von Indien, Burma, Malaysia und Hongkong, Teilen des südlichen Afrikas, Ägypten und Nigeria.
Erst mit dem Ende des Zweiten Weltkriegs verlangten einige Kolonien nach Unabhängigkeit. Geschwächt von den Folgen des Kriegs kümmerte sich Großbritannien um die Probleme im eigenen Land und gewährte zunächst Indien, dann weiteren Ländern

die Unabhängigkeit. Als lockere Konföderation von 53 Staaten besteht das Commonwealth jedoch weiter, mit der britischen Königin als Oberhaupt. Neben dem Vorsitz im Commonwealth ist Elisabeth II. auch Monarchin von 16 als *Commonwealth Realms* bezeichneten, souveränen Staaten, darunter Australien, Jamaica, Kanada und Neuseeland.

11.3 Die Vereinigten Staaten von Amerika
United States of America

Die Vereinigten Staaten von Amerika ***(United States of America)*** sind eine föderale Republik, die aus 50 Staaten besteht. Sitz der Regierung ist die Stadt Washington, D. C.

Das politische System
Der Präsident ist das Oberhaupt des Staates, er wird von sog. Wahlmännern gewählt. Die gesetzgebende Institution ist der Kongress *(Congress)*, der aus dem *House of Representatives* und dem Senat *(Senate)* besteht, sowie der oberste Gerichtshof *(Supreme Court)*. Zwei große Parteien, die Republikaner *(Republican Party)* und die Demokratische Partei *(Democratic Party)*, bestimmen das politische Geschehen im Land.

11.4 Die USA und die Welt
The USA and the World

Die Rolle der Vereinigten Staaten in der Welt war bislang wechselhaft: im 19. Jahrhundert waren es hauptsächlich die originär europäischen Mächte, die als Kolonialmächte agierten und das Weltgeschehen mitbestimmten. Die USA hielten sich bis zum Ersten Weltkrieg weitgehend aus der internationalen Politik heraus. Erst zu Beginn des 20. Jahrhunderts, nämlich für die Dauer des Ersten Weltkriegs, bezogen die USA Position.

Mit dem Erstarken des Nationalsozialismus in Deutschland in den Dreißigerjahren des 20. Jahrhunderts und nach Ausbruch des Zweiten Weltkriegs, als Reaktion auf den japanischen Angriff auf Pearl Harbor 1941 und nachdem Deutschland auch den USA den Krieg erklärt hatte, schlossen sich die USA den Briten, Franzosen und den Russen an, um Hitler zu Fall zu bringen.
Mit dem Ende des Zweiten Weltkriegs veränderte sich dann die politische Weltlage: Deutschland hatte den Krieg verloren, das Land wurde geteilt. Großbritannien und Frankreich verloren den Status als Weltmacht, und die Sowjetunion konnte sich Einfluss auf große Teile Ost-Europas sichern.

Der Kalte Krieg

The Cold War

Während des Kalten Krieges standen sich die USA und die Sowjetunion als zwei Supermächte gegenüber. Beide Nationen versuchten, weltweit ihren Einflussbereich zu vergrößern. Es kam zu einem nuklearen Wettrüsten, das gemeinhin als „Kalter Krieg“ bezeichnet wird.

Nach dem Zusammenbruch der Sowjetunion

After the collapse of the Soviet Union

Mit dem Zusammenbruch der Sowjetunion nach dem Fall der Mauer in Deutschland brach die Sowjetunion auseinander, zahlreiche Staaten forderten ihre Unabhängigkeit. Vor allem die wirtschaftliche Stärke der USA trug einen großen Teil dazu bei, dass die Vereinigten Staaten sehr lange den Status der alleinigen Supermacht hatten.

Während heutzutage viele kriegerische Auseinandersetzung weltweit – darunter Kriege im Nahen Osten und in der Ukraine – territoriale Kämpfe mit sich bringen und Menschen und Nationen in Aufruhr versetzen, sind es wirtschaftliche Globalisierungsprozesse, die die Welt scheinbar schrumpfen lassen – eine komplizierte Gemengelage.

11.5 Nord-Irland und Republik Irland
Northern Ireland and the Republic of Ireland

Die Teilung Irlands hat ihren Anfang in der Tatsache, dass die sogenannte „Grüne Insel“ die allererste Kolonie Großbritanniens war. Bereits im 17. Jahrhundert siedelte die britische Krone presbyterianische und anglikanische Siedler aus England und Schottland auf der Insel an. Konflikte um Ländereien, Hungersnöte und ein blutiger Bürgerkrieg nach dem Ersten Weltkrieg waren die Ursache, dass Irland über Jahrhunderte hinweg eines der ärmsten Länder Europas war.

„The Troubles“ in Northern Ireland

Von 1968 bis 1998 wurde auf der “Grünen Insel” ein blutiger Konflikt ausgetragen – ein Machtkampf zwischen den in den Norden eingewanderten Siedlern und ihren Nachkommen und der im südlichen Teil verbliebenen, zumeist katholischen, einheimischen Bevölkerung. Weil die kolonialisierenden Einwanderer meist wohlhabend und protestantisch waren, außerdem über unterschiedliche (auch industrielle) Produktionsmittel verfügten, die ursprüngliche Bevölkerung hingegen bäuerlich, arm und katholisch war, werden die „Troubles“ vermeintlich als Religionskonflikt bezeichnet, obwohl die Ursache des Konflikts überwiegend in der sozialen und wirtschaftlichen Ungleichheit hat. Erst 1998, als das Belfast Agreement in Kraft trat, begannen sich die Wogen zu glätten.

The Celtic Tiger

Der Aufstieg Irlands begann in den frühen 1990er Jahren, als die Auswirkungen der Mitgliedschaft in der Europäischen Union spürbar wurden: Irland hatte Zugang zu den europäischen Märkten erhalten und lockte mit niedrigen Steuern, einer gut ausgebildeten, englischsprachigen und sehr jungen Bevölkerung Investoren ins Land. In Anlehnung an die wachsenden Industrienationen in Südostasien, wie z. B. Südkorea oder Singapur, erhielt die Insel die Bezeichnung „*The Celtic Tiger*". Heutzutage, im 21. Jahrhundert, ist Irland nicht mehr länger das Armenhaus Europas.

Extras

Internet-Recherche

Internet research

Das Internet bietet eine Fülle von Informationen, als Werkzeug ist es heutzutage kaum zu ersetzen. Achten Sie jedoch darauf,

- die Informationen kritisch zu prüfen: Ist die Quelle seriös? Sind die Angaben verhältnismäßig? Gibt es fundierte Belege für eine Aussage, steckt kein Werbezweck hinter einer Veröffentlichung?
- nicht einfach abzuschreiben: Plagiatsverfahren haben schon große Karrieren zerstört;
- sich Fundstellen und Quellen gut zu merken, indem Sie z.B. ein Lesezeichen im Browser setzen.

NOTICE Je größer Ihr Allgemeinwissen ist, desto besser können Sie Informationen aus dem Internet kritisch prüfen und für eigene Zwecke nutzen! Denken Sie immer zuerst selbst!

Referate und Hausaufgaben

Im Internet gibt es eine Reihe von Webseiten mit Tipps und Anregungen zu Referaten, z. B. www.freie-referate.de, www.fundus.org, www.e-hausaufgaben.de oder www.hausarbeiten.de. Aber aufgepasst: Abgesehen davon, dass auch Ihre Lehrkräfte diese Angebote kennen, kann man sich auf einem solchen Portal leicht verzetteln. Oft sind sie schneller, wenn Sie sich gezielt Informationen zu ihrem Thema verschaffen und diese selbst zusammenstellen. Außerdem wissen sie dann auch genau, was in ihrem Referat steht und können Rückfragen gelassen entgegensehen.

Wörterbücher

Im Netz finden Sie eine Vielzahl von kostenlosen Wörterbüchern. Einige Sites bieten zudem Foren an, in denen Sie Hilfe suchen können, z. B. bei komplexen grammatikalischen Problemen. Ein weiterer Vorteil solcher Wörterbücher ist, dass sie ständig überarbeitet und ergänzt werden.
Sehr empfehlenswert für den Schulgebrauch sind:

- *www.linguee.de mit Anwendungsbeispielen (Quellen unbedingt kritisch prüfen!)*
- *www.dict.cc* mit Forum und Aussprachehilfe
- *www.leo.org mit Videoanleitungen und Forum*
- *www.woerterbuch.info* besonders für Synonyme in beiden Sprachen
- *www.phrasen.com* für die englische Entsprechung von deutschen **Redewendungen** *(idioms)*

NOTICE Die Übersetzungen, die Google Translator anbietet, sind, insbesondere, was das Englische angeht, mittlerweile ziemlich gut verständlich. Dennoch gilt: Immer mitdenken! Noch kann keine Maschine den Kontext so gut beurteilen wie Sie als Mensch.

Nützliche Internetadressen

Suchmaschinen

Neben www.google.com gibt es durchaus noch andere nützliche Suchmaschinen, z. B.:

- *www.ecosia.org:* Ecosia ist ein sozial engagiertes Unternehmen, das ca. 80 % seines Einnahmenüberschusses an gemeinnützige Naturschutzorganisationen spendet.
- *www.duckduckgo.com:* Diese Webseite liefert keine personalisierten Suchergebnisse und hat sich selbst verpflichtet, seine Nutzer nicht auszuspionieren.
- *www.bing.com.*
- *www.metager.de*
- *www.yahoo.com*

Medienarchive

NOTICE Wenn Sie nach akademischen Veröffentlichungen und seriösen wissenschaftlichen Quellen suchen, können Sie Google Scholar nutzen:

- https://scholar.google.de liefert Ergebnisse in englischer und deutscher Sprache
- https://scholar.google.com zeigt englischsprachige Veröffentlichungen an

Die meisten Sachtexte, die Sie in der Schule lesen, kommen aus der englischsprachigen Presse. Deswegen stellen Zeitungsarchive eine wichtige Quelle für Informationen zu beinah allen Themen dar. Das Gleiche gilt für die großen Rundfunkanstalten CNN und vor allem BBC.

NOTICE Lesen Sie auf jeden Fall die Angaben zu möglichen Kosten bei der Benutzung von Archiven. Einige Zeitungen und Zeitschriften erlauben den gebührenfreien Zugriff auf Artikel der aktuellen Ausgabe und auch im Archiv. Andere bieten freien Zugang und Downloads für einen beschränkten Zeitraum und stellen danach die dauerhafte Nutzung in Rechnung. Andere wiederum erlauben kostenlose Zugriffe auf Beiträge der aktuellen Ausgabe, berechnen aber die Nutzung des Archivs.

Allgemeine Informationsquellen

- ***www.wikipedia.org*** (englisch) bzw. ***www.wikipedia.de*** (deutsch): So nützlich diese Website auch ist, so sollten Sie doch redaktionelle Warnungen vor Unvollständigkeit oder einem bisher nicht geprüften oder aktualisierten Artikel unbedingt beachten. Zudem sind die Einträge nicht immer objektiv. Texte in der englischen Fassung können sprachlich recht anspruchsvoll sein, aber oft gibt es auch eine passende deutschsprachige Parallelfassung.
- ***www.qz.com:*** Fundiertes Informationsportal, das Themen aus Wirtschaft und Gesellschaft von verschiedenen Seiten beleuchtet.

- ***www.howstuffworks.com:*** Umfangreiches Informationsportal, das Artikel zu Technik, Sozialem, Entertainment, Wissenschaft usw. bietet.

Medien: Großbritannien

- ***www.bbc.com*** (Rundfunkanstalt): Großbritanniens meistgenutzte Website mit Nachrichten, Kommentaren und Hintergrundberichten zu einer Vielzahl von Themen. Sprachlich nicht zu schwierig.
- ***www.economist.com*** (wöchentliches Nachrichtenmagazin): Populäres, internationales Wochenmagazin. Alle wichtigen Berichte, Leitartikel usw. seit 1995 im Archiv, das allerding kostenpflichtig ist. Mit Registrierung sind drei Artikel wöchentlich kostenfrei. Sprachlich nicht sehr schwierig, da sich die Website an ein internationales Publikum richtet.
- ***www.express.co.uk*** (moderate Boulevardzeitung): Auswahl von Berichten und Leitartikeln aus der *Daily Express* und der *Express on Sunday*. Politisch Mitte rechts, etwas populistisch. Recht einfache Sprache.
- ***www.theguardian.com*** (Tageszeitung): Alle wichtigen Berichte, Leitartikel und Blogs aus *The Guardian*, *The Guardian Weekly* und *Observer*. Politisch Mitte links, sehr kritisch. Sprachlich recht anspruchsvoll.
- ***www.independent.co.uk*** (Tageszeitung): Alle wichtigen Berichte, Leitartikel und Blogs aus *The Independent* und *The Independent on Sunday* seit 1999 sind im Archiv verfügbar. Politisch Mitte links. Sprachlich recht anspruchsvoll.
- ***www.dailymail.co.uk*** (moderate Boulevardzeitung): Auswahl von Berichten und Leitartikeln aus *Daily Mail* und *Mail on Sunday*. Politisch Mitte rechts, populistisch. Recht einfache Sprache.
- ***www.telegraph.co.uk*** (Tageszeitung): Alle wichtigen Berichte, Leitartikel und Blogs aus *Daily Telegraph* und *Sunday Telegraph*. Politisch Mitte rechts. Sprachlich ziemlich anspruchsvoll.
- ***www.thetimes.co.uk*** (Tageszeitung): Alle wichtigen Berichte,

Leitartikel und Blogs aus *The Times* und *The Sunday Times* seit 1997, aktuelle Artikel teilweise frei zugänglich, das Archiv ist kostenpflichtig. Tendenziell regierungsfreundlich. Sprachlich recht gut verständlich.

Medien: USA

- ***www.cnn.com*** (internationaler Nachrichtensender): Einrichtung einer persönlichen, individuell zugeschnittenen Newshomepage möglich. Sprachlich recht gut verständlich.
- ***www.newsweek.com*** (wöchentliches Nachrichtenmagazin): Populärstes Nachrichtenmagazin in den USA. Sehr großes Informationsangebot. Sprachlich teilweise sehr anspruchsvoll.
- ***www.time.com*** (wöchentliches Nachrichtenmagazin): Durch Anbindung an TimeWarner und CNN sehr großes Informationsangebot. Sprachlich eher anspruchsvoll.
- ***www.nytimes.com*** (Tageszeitung);
  www.washingtonpost.com (Tageszeitung):
  Einflussreichste Tageszeitungen in den USA. Hoher Informationsgehalt. Sprachlich teilweise sehr anspruchsvoll
- ***www.usatoday.com*** (Tageszeitung): Zeitung für im Ausland lebende US-Amerikaner. Mittleres Bildungsniveau. Sprachlich recht einfach.

Medien: International, unabhängig

- ***www.thecorrespondent.com:*** Unabhängige Nachrichten-Webseite, die es sich zum Ziel gesetzt hat, fundiert und selbstständig recherchierte Artikel zu veröffentlichen. Die Journalisten arbeiten fokussiert auf Themen. Die in den Niederlanden gegründete Webseite wurde durch Crowdfunding ins Leben gerufen und finanziert sich durch ein Abo-Bezahlsystem.

Regierungen

Der Informationsservice von Regierungen ist die am weitesten verbreitete Quelle für Zahlen und Statistiken zu einzelnen Ländern sowie zu den offiziellen Positionen eines Landes zu politischen Themen. Hier findet man die wichtigsten grundlegenden Informationen.

Websites von Regierungen der englischsprachigen Länder:

- Australien: ***www.australia.gov.au***
- Großbritannien: ***www.gov.uk***
- Nord-Irland: ***www.northernireland.gov.uk***
- Republik Irland: ***www.gov.ie***
- Kanada: ***http://canada.ca***
- Neuseeland: ***www.govt.nz***
- Südafrika: ***www.gov.za***
- USA: ***www.usa.gov***

Internationale Organisationen

- ***www.un.org*** Die United Nations (UN) sind ein freiwilliger Zusammenschluss von 193 Staaten. Die wichtigsten Aufgaben der Organisation sind die Sicherung des Weltfriedens, die Einhaltung des Völkerrechts, der Schutz der Menschenrechte und die Förderung der internationalen Zusammenarbeit.
- ***www.europa.eu*** Das offizielle Portal der EU mit einem sehr übersichtlichen und benutzerfreundlichen Aufbau.
- ***www.arab-hdr.org:*** Diese Webseite der Vereinten Nationen liefert fundierte Informationen zu den in Aufruhr befindlichen Regionen im Nahen Osten.

Nichtregierungsorganisationen

Eine Nichtregierungsorganisation *(non-governmental organisation – NGO)* ist eine unabhängige Organisation, die sich im politischen Bereich betätigt. Hierzu gehören sowohl Wohltätigkeitsvereine, z. B. Oxfam oder Save the Children, als auch politische Interessenvertretungen, z. B. Greenpeace oder Amnesty International.

Die folgenden NGO-Websites sind eine reichhaltige Quelle für Informationen und Meinungen. Betrachten Sie diese jedoch ausreichend kritisch, da es sich um Meinungen und Interessen handelt.

- ***www.amnesty.org*** Amnesty International (AI) ist eine Non-Profit-Organisation, die sich weltweit für Menschenrechte einsetzt. Grundlage ihrer Arbeit sind die *Allgemeine Erklärung der Menschenrechte* und andere Menschenrechtsabkommen. Die Organisation recherchiert Menschenrechtsverletzungen, betreibt Öffentlichkeits- und Lobbyarbeit und organisiert u. a. Brief- und Unterschriftenaktionen in Fällen von Folter oder drohender Todesstrafe.
- ***www.transparency.org*** Transparency International, kurz TI, ist eine weltweit agierende gemeinnützige Organisation, die sich in der nationalen und internationalen volks- und betriebswirtschaftlichen Korruptionsbekämpfung engagiert. Mit Sitz in Berlin veröffentlicht die Organisation jährlich ihren *Global Corruption Report (GCR)* und *Corruption Perceptions Index (CPI)*.
- ***www.oneworld.net*** Gemeinsame Website von über 20 weltweiten Wohltätigkeitsverbänden.
- ***www.envirolink.org*** Website der Online Environmental Community.
- ***www.foe.org*** Informative Website von Friends of the Earth (FoE). Moderater und wissenschaftlicher als Greenpeace.
- ***www.greenpeace.org*** Website der mittlerweilen 40 Jahre alten Umweltorganisation.
- ***www.indymedia.org*** Internationales, unabhängiges Mediennetzwerk.
- ***wwf.panda.org*** Website des Worldwide Fund for Nature (WWF).

NOTICE Prüfen Sie Informationen immer kritisch! Achten Sie darauf, seriöse Quellen zu Rate zu ziehen, prüfen Sie, wer die Informationen veröffentlicht hat und ob diese einen Zweck (Werbung?, politische Einflussnahme o. Ä.) verfolgen und prüfen Sie, ob die Angaben aktuell sind.

Referate und Hausaufgaben

Im Internet gibt es eine Reihe von Webseiten mit Tipps und Anregungen zu Referaten, z. B. www.freie-referate.de, www.fundus.org, www.e-hausaufgaben.de oder www.hausarbeiten.de. Aber aufgepasst: Abgesehen davon, dass auch Ihre Lehrkräfte diese Angebote kennen, kann man sich auf einem solchen Portal leicht verzetteln. Oft sind sie schneller, wenn Sie sich gezielt Informationen zu ihrem Thema verschaffen und diese selbst zusammenstellen. Außerdem wissen sie dann auch genau, was in ihrem Referat steht und können Rückfragen gelassen entgegensehen.

Themenbedingte Sprachhilfen

Topic vocabulary

The United Kingdom (UK)

British values and attitudes to life

- Whether there are specifically "British values" or not is a matter of dispute.
  → *Ob es spezifische britische Werte gibt oder nicht, ist eine Streitfrage.*
- Many people do not think of themselves as "British" at all. They prefer to call themselves English, Irish, Scottish or Welsh.
  → *Viele Leute betrachten sich überhaupt nicht als „britisch". Sie nennen sich lieber „englisch", „irisch", „schottisch" oder „walisisch".*
- Some people think that a common idea of "Britishness" is a thing of the past.
  → *Einige Leute meinen, dass das Konzept einer allgemeinen „britischen Wesensart" der Vergangenheit angehört.*
- One problem is that such "values" do not apply only to the British. They apply equally well to a majority of Europeans and Americans.
  → *Ein Problem ist, dass solche Werte nicht nur für die Briten gelten. Sie gelten gleichermaßen für die Mehrheit der Europäer und US-Amerikaner.*
- The British are said to show fairness in competitive situations.
  → *Man sagt den Briten nach, dass sie sich in Konkurrenzsituationen fair verhalten.*

- It is claimed that the British have a caring attitude to others.
  → *Es wird behauptet, dass Briten eine fürsorgliche Haltung anderen gegenüber haben.*
- The British show tolerance for the customs and beliefs of other cultures and religions.
  → *Die Briten sind Bräuchen und Überzeugungen anderer Kulturen und Religionen gegenüber tolerant.*
- Before the digital age, the British placed a high value on their privacy.
  → *Vor dem digitalen Zeitalter legten die Briten viel Wert auf ihre Privatsphäre.*
- A sense of humour is often said to be an important British characteristic.
  → *Es wird oft gesagt, dass Sinn für Humor eine wichtige britische Eigenschaft sei.*

The British press

- The British have a large number of national newspapers.
  → *Die Briten haben eine große Anzahl nationaler Zeitungen.*
- These papers are published six days a week with a special edition on Sundays.
  → *Diese Zeitungen erscheinen an sechs Tagen der Woche und in einer Sonderausgabe an Sonntagen.*
- There are two types of press: the quality press and the popular press.
  → *Es gibt zwei Arten von Presse: die seriöse Presse und die Boulevardpresse.*
- British papers are printed in broadsheet or tabloid formats.
  → *Britische Zeitungen werden in Großformat oder Kleinformat gedruckt.*
- Quality papers with a tabloid format prefer to refer to this as "compact format".
  → *Seriöse Zeitungen im Kleinformat nennen dies lieber „Kompaktformat".*

- Compact quality papers do not want to be confused with tabloid popular ones.
  → *Seriöse Zeitungen in Kompaktformat möchten nicht mit Boulevardzeitungen verwechselt werden.*
- Examples of the quality press are *The Times*, *The Daily Telegraph* and *The Guardian*.
  → *Beispiele für seriöse Presse sind* The Times, The Daily Telegraph *und* The Guardian.
- The national popular press is dominated by the *Daily Mail* and the *Daily Express*.
  → *Die nationale Boulevardpresse wird von der* Daily Mail *und dem* Daily Express *beherrscht.*
- The most widely read popular papers are *The Sun* and *The Daily Mirror*.
  → *Die meistgelesenen Boulevardzeitungen sind die* Sun *und der* Daily Mirror.
- The quality press offer detailed news of home and foreign political affairs as well as extensive coverage of financial news, cultural events and sport.
  → *Die seriöse Presse bietet detaillierte Nachrichten über nationale und internationale Politik sowie eine ausführliche Berichterstattung über Wirtschaftsnachrichten, kulturelle Ereignisse und Sport.*
- The leaders in the quality press are very influential opinion-formers in political affairs.
  → *Die Leitartikel der seriösen Zeitungen wirken sich sehr stark auf die politische Meinungsbildung aus.*
- The popular press has large headlines and a high proportion of photos to text.
  → *Die Boulevardpresse zeichnet sich durch große Schlagzeilen und durch einen hohen Anteil an Fotos im Verhältnis zum Text aus.*

- Popular newspapers focus on the people behind the news and often publish sensational stories about celebrities.
  → *Boulevardzeitungen konzentrieren sich auf die Personen hinter den Nachrichten und veröffentlichen oft sensationsgierige Geschichten über Prominente.*
- The language of the quality papers tends to be formal while that of popular ones is highly colloquial.
  → *Die Sprache von Qualitätszeitungen ist eher förmlich, während die der Boulevardpresse sehr umgangssprachlich ist.*

The British political system and monarchy

- The UK has three branches of state: the legislative, the executive and the judiciary.
  → *Großbritannien hat eine dreigliedrige Gewaltenteilung: die Legislative, die Exekutive und die Judikative.*
- The legislative (parliament) makes the law, the executive (the government and the civil service) administers the law and the judiciary (the law courts) enforces the law.
  → *Die Legislative (das Parlament) macht die Gesetze, die Exekutive (die Regierung und der öffentliche Dienst) verwaltet die Gesetze und die Judikative (das Gerichtswesen) vollstreckt sie.*
- The head of state is the monarch, but real power belongs solely to parliament.
  → *Das Staatsoberhaupt ist der/die Monarch/-in, aber die tatsächliche Macht hat einzig das Parlament.*
- Parliament is made up of two chambers, the House of Commons and the House of Lords.
  → *Das Parlament besteht aus zwei Kammern, dem Unterhaus (House of Commons) und dem Oberhaus (House of Lords).*
- The UK is divided into constituencies, each of which chooses one person to become its member of parliament.
  → *Großbritannien ist in Wahlkreise unterteilt, von denen jeder eine Person als Parlamentsabgeordneten wählt.*
- A simple majority of the votes is sufficient in a "first past the post" (FPP) system.

→ *Eine einfache Mehrheit der Stimmen ist in einem Mehrheitswahlsystem ausreichend.*

- At present the House of Lords is made up of aristocrats, Anglican bishops and people appointed by the prime minister (life peers).
  → *Zurzeit besteht das Oberhaus aus Adligen, aus anglikanischen Bischöfen und aus Personen, die der Premierminister berufen hat (Adlige auf Lebenszeit).*
- The House of Lords has no power either to introduce laws or to veto or change them.
  → *Das Oberhaus ist nicht befugt, Gesetze einzuführen, sein Veto dagegen einzulegen oder Gesetze abzuändern.*
- The House of Commons controls the government, the state finances and the passing of laws.
  → *Regierung, Staatsfinanzen und die Verabschiedung von Gesetzen werden vom Unterhaus kontrolliert.*
- Ministries are the political responsibility of a minister appointed by the prime minister.
  → *Ministerien unterstehen den Ministern, die vom Premierminister berufen werden.*
- The UK Supreme Court is the highest court of appeal.
  → *Das oberste Gericht Großbritanniens ist das höchste Berufungsgericht.*
- Unlike in the USA, the British Supreme Court cannot rule on the constitutional legality of laws passed by the House of Commons.
  → *Anders als in den USA ist das britische oberste Gericht nicht befugt, über die Verfassungsmäßigkeit von Gesetzen, die vom Unterhaus verabschiedet wurden, zu entscheiden.*
- The British system of government is often criticised because of its "democratic deficits".
  → *Das britische Regierungssystem wird häufig wegen seiner „demokratischen Defizite" kritisiert.*
- The most crucial deficits are the "first past the post" electoral system and the lack of a written constitution.

→ *Die wesentlichen Defizite sind das Mehrheitswahlsystem und das Fehlen einer geschriebenen Verfassung.*

- The "first past the post" system means that all votes for other candidates in the constituency are basically "lost".

  → *Das Mehrheitswahlsystem bedeutet, dass alle Stimmen für andere Kandidaten im Wahlkreis im Grunde „verloren" sind.*
- Some people argue that the lack of a written constitution may easily lead to a situation where political and/or social changes could be made without the support of the population.

  → *Manche Menschen behaupten, dass das Fehlen einer geschriebenen Verfassung leicht zu einer Situation führen könnte, in der politische und/oder soziale Veränderungen durchgeführt werden, ohne dass diese durch die Bevölkerung unterstützt werden.*
- The monarchy is supported by a large majority of the British people.

  → *Die Monarchie wird von einer großen Mehrheit des britischen Volkes befürwortet.*
- The big advantage of constitutional monarchs is that they are not dependent on a political party.

  → *Der große Vorteil von konstitutionellen Monarchen ist, dass sie unabhängig von politischen Parteien sind.*
- The monarch can give impartial, non-political advice to the prime minister.

  → *Der Monarch kann dem Premierminister neutrale, unparteiische Ratschläge geben.*

Multiculturalism

- Almost a third of all London residents belong to non-white ethnic groups.

  → *Fast ein Drittel der Londoner Bevölkerung gehört nichtweißen ethnischen Gruppen an.*
- Immigrants from India and Pakistan call themselves British Indians or British Muslims.

  → *Immigranten aus Indien und Pakistan nennen sich* British Indians *oder* British Muslims.

- At present, there are about 1.6 million British Indians and 1.2 million British Muslims in the UK.
  → *Zurzeit gibt es ungefähr 1,6 Millionen* British Indians *und 1,2 Millionen* British Muslims.
- British Indians have integrated well into British life.
  → British Indians *haben sich in den britischen Alltag gut integriert.*
- One reason is that British Indians speak English, also at home.
  → *Ein Grund dafür ist, dass* British Indians *auch zu Hause Englisch sprechen.*
- Another reason is that Hinduism, the religion of most British Indians, is pluralist.
  → *Ein weiterer Grund ist, dass der Hinduismus, die Religion der meisten* British Indians, *pluralistisch ist.*
- This means that British Indians have no difficulty in accepting other cultures.
  → *Dies bedeutet, dass* British Indians *keine Probleme damit haben, andere Kulturen zu akzeptieren.*
- The British have also accepted many features of Indian life, particularly Indian food and fashion.
  → *Die Briten haben viele indische Dinge angenommen, besonders das indische Essen und die Mode.*
- British Muslims tend to be more isolated from the rest of British society. This has become worse since the 1980s, when a growing number of young Muslim males began to adopt fundamentalist religious ideas.
  → British Muslims *tendieren dazu, vom Rest der britischen Gesellschaft isoliert zu sein. Dies ist seit den 80er-Jahren schlimmer geworden. Damals begann eine wachsende Anzahl junger muslimischer Männer, fundamentalistische religiöse Ideen zu übernehmen.*
- Many British Muslim families do not speak English at home.
  → *Viele* British Muslim-*Familien sprechen zu Hause kein Englisch.*

- Religious tabus, for example against socialising with non-Muslims, have reinforced this sense of isolation.
  → *Religiöse Tabus, z. B. gegen soziale Kontakte zu Nicht-Muslimen, haben dieses Gefühl der Isolation verstärkt.*
- Because of this social segregation, unemployment is proportionately higher among young Muslims than in the rest of the population.
  → *Wegen dieser sozialen Trennung ist die Arbeitslosigkeit unter jungen Muslimen anteilsmäßig höher als beim Rest der Bevölkerung.*
- Fundamentalists blame unemployment and low self-esteem among young Muslims on racial and religious discrimination.
  → *Fundamentalisten machen Rassen- und Glaubensdiskriminierung für die Arbeitslosigkeit und das niedrige Selbstwertgefühl junger Muslime verantwortlich.*
- Among Muslim women, the wearing of a headscarf or the hijab at work is a big handicap that makes them virtually "unemployable" in many occupations.
  → *Muslimische Frauen werden stark benachteiligt, wenn sie bei der Arbeit ein Kopftuch oder einen Hidschab tragen, weshalb sie viele Berufe nicht ausüben können.*
- A further important factor is that the British Terrorism Act of 2000 banned 21 organisations because of terrorist activity. Almost all the banned organisations are Islamic, which has further alienated British Muslims.
  → *Ein weiterer wichtiger Faktor ist, dass der* British Terrorism Act *von 2000 21 Organisationen wegen terroristischer Aktivitäten verboten hat. Fast alle diese verbotenen Organisationen sind islamisch, eine Tatsache, die zu einer noch stärkeren Entfremdung der* British Muslims *geführt hat.*

Northern Ireland

- The Troubles refers to a period of about 30 years between the late 1960s and the late 1990s.
  → *Die* Troubles *(Unruhen) beziehen sich auf einen Zeitraum*

von ungefähr 30 Jahren zwischen den späten 1960er- und den späten 1990er-Jahren.

- The Republican (mainly catholic) minority in Northern Ireland fought against the governing Unionist (mainly protestant) majority in what became virtually a civil war.
  → *Die republikanische (hauptsächlich katholische) Minderheit in Nordirland kämpfte gegen die regierende unionistische (vor allem protestantische) Mehrheit, was nahezu in einem Bürgerkrieg endete.*
- The conflict was caused by discrimination against the catholic minority in housing, schools and jobs.
  → *Der Konflikt wurde verursacht durch Diskriminierung der katholischen Minderheit in den Bereichen Wohnen, Schule und Arbeit.*
- More radical Republicans wanted to leave the UK and reunite with the Republic of Ireland.
  → *Radikalere Republikaner wollten Großbritannien verlassen und sich mit der Republik Irland vereinen.*
- Although there were several splinter groups, the main forces in the "war" were the Irish Republican Army (IRA) on the Republican side and the Ulster Volunteer Force (UVF) on the Unionist.
  → *Obwohl es mehrere Splittergruppen gab, waren die wichtigsten Streitkräfte in diesem „Krieg" die* Irish Republican Army *(IRA) auf der republikanischen und die* Ulster Volunteer Force *(UVF) auf der unionistischen Seite.*
- The security forces, i.e. the British Army and the police (Royal Ulster Constabulary, RUC) were also caught up in the violence.
  → *Die Sicherheitskräfte, d. h. die britische Armee und die Polizei, waren ebenfalls in die Gewalttätigkeiten verwickelt.*
- As the police was almost entirely protestant, its role as a peacekeeper was seriously compromised from the start.
  → *Da die Polizei fast gänzlich protestantisch war, war ihre Rolle als „Friedenshüter" von Anfang an ernsthaft beeinträchtigt.*

- The Troubles were brought to an uneasy end by the Good Friday Agreement, which was signed by all participants on 10 April 1998 (Good Friday).
  → *Die Unruhen wurden durch das Karfreitagsabkommen, das am 10. April 1998 (Karfreitag) von allen Teilnehmern unterschrieben wurde, zu einem unsicheren Ende gebracht.*
- The agreement included a ceasefire, the reform of the police, the withdrawal of troops from the streets and, finally, the promise that Northern Ireland would remain a full member of the United Kingdom until a majority of voters decided otherwise.
  → *Das Abkommen umfasste einen Waffenstillstand, die Reform der Polizei, den Rückzug der Truppen von den Straßen und letztendlich das Versprechen, dass Nordirland ein volles Mitglied Großbritanniens bleiben würde, bis die Mehrheit der Wähler anders entscheidet.*
- The Unionists are worried about a much higher birthrate among catholics than among protestants. They think that, in time, a catholic majority in parliament in Belfast is inevitable.
  → *Die Unionisten sind besorgt über die bedeutend höhere Geburtenrate unter den Katholiken als unter den Protestanten. Sie vertreten die Auffassung, dass mit der Zeit eine katholische Mehrheit im Parlament in Belfast unausweichlich ist.*
- The question then will be whether this majority vote to leave the UK.
  → *Die Frage lautet dann: Wird diese Mehrheit für das Ausscheiden aus dem Vereinigten Königreich stimmen ?*

Britain and the European Union

- When asked to open its frontiers in accordance with the Schengen Agreement in 1995, Britain opted out.
  → *Als Großbritannien 1995 dazu aufgefordert wurde, seine Grenzen gemäß dem Schengen-Abkommen zu öffnen, stieg es aus dem Vertrag aus.*
- The UK joined the EEC in 1973, but the relationship has never been happy.

→ *1973 trat Großbritannien der EWG (Europäische Wirtschaftsgemeinschaft) bei, aber das Verhältnis war nie ein glückliches.*

- Britain has always been against the development of a European federal "superstate" similar to the USA.
  → *Großbritannien war immer gegen die Entwicklung eines europäischen föderativen „Superstaates" ähnlich den USA.*
- Although the UK signed the Maastricht Treaty in 1991, it refused to adopt the euro.
  → *Obwohl Großbritannien 1991 den Maastrichter Vertrag unterschrieb, lehnte es die Einführung des Euros ab.*
- The UK does not like the name "European Union" because it sounds too much like a real country.
  → *Großbritannien mag den Namen „Europäische Union" nicht, da dieser zu sehr nach einem offiziellen Staat klingt.*
- When the USA invaded Iraq in 2003, the UK supported the USA unlike France and Germany, its closest partners in the EU.
  → *Als die USA 2003 in den Irak einmarschierten, unterstützte Großbritannien die USA im Gegensatz zu Frankreich und Deutschland, seinen engsten Partnern in der EU.*
- Although the UK signed the Treaty of Lisbon in 2007, it did so unwillingly and only after provisions about cross-border po-licing and human rights had been diluted.
  → *Obwohl Großbritannien 2007 den Vertrag von Lissabon unterzeichnete, tat es dies recht widerwillig und auch erst, nachdem die Vereinbarungen zur grenzüberschreitenden Polizeiarbeit und zu den Menschenrechten gelockert wurden.*
- Britain supported the idea of inviting as many countries as possible, including Turkey, to join the EU because the Union would then become too big and diverse to become the "USE" ("United States of Europe").
  → *Großbritannien unterstützte die Idee, so viele Länder wie möglich, einschließlich der Türkei, zu einem EU-Beitritt einzuladen, da dann die Union zu groß und zu vielfältig würde, um eine Art „USE" („United States of Europe") zu werden.*

- The UK's so-called "special relationship" with the USA has always stood in the way of a closer cooperation with the EU.
→ *Die sogenannte „besondere Beziehung" Großbritanniens zu den USA hat immer eine engere Zusammenarbeit mit der EU verhindert.*

The USA

American values

- What makes an American "an American"? It is certainly not his race, colour, religion, politics or even his use of the English language.
→ *Was macht aus einem Amerikaner „einen Amerikaner"? Es ist sicherlich nicht seine ethnische Herkunft, Hautfarbe, Religion, politische Meinung oder sogar sein Gebrauch der englischen Sprache.*
- In spite of America's diversity, there are five basic values that most Americans agree with.
→ *Ungeachtet der Vielfalt Amerikas gibt es fünf Grundwerte, denen die meisten Amerikaner zustimmen.*
- The first and most important value is freedom. "Freedom" covers both freedom from oppression and personal freedom.
→ *Der erste und wichtigste Wert ist die Freiheit. „Freiheit" umfasst sowohl Freiheit vor Unterdrückung als auch persönliche Freiheit.*
- The second important value is equality, which does not mean social equality, but equality of opportunity and equality before the law.
→ *Der zweite wichtige Wert ist die Gleichheit. Damit ist nicht die soziale Gleichheit gemeint, sondern die Chancengleichheit und die Gleichheit vor dem Gesetz.*
- Americans see the third value, education, as the key realising their full economic, social and personal potential.
→ *Amerikaner sehen Bildung, den dritten Wert, als Schlüssel, um das wirtschaftliche, soziale und persönliche Potenzial ausschöpfen zu können.*

- Self-sufficiency and individualism is the fourth value. Early settlers had to be self-sufficient and this has left many Americans with a dislike of "Big Government".
  → *Eigenständigkeit und Individualismus sind der vierte Wert. Die frühen Siedler mussten eigenständig sein und diese Tatsache hat bei vielen Amerikanern zu einer Abneigung gegen Regierungen geführt, die sich zu stark in die „öffentliche Ordnung" einmischen.*
- Theoretically, the fifth American value is privacy, though anti-terrorism laws and modern information technology have made this largely a thing of the past.
  → *Theoretisch ist der fünfte amerikanische Wert die Unantastbarkeit der Privatsphäre, obwohl Anti-Terror-Gesetze und die moderne Informationstechnologie dazu geführt haben, dass dies weitgehend der Vergangenheit angehört.*

The US political system

- The USA has a federal system of government. Political power is divided between a central (or federal) government in Washington DC and the states.
  → *Die USA haben ein föderales Regierungssystem. Die politische Macht ist zwischen der zentralen (oder Bundes-)Regierung in Washington DC und den Bundesstaaten aufgeteilt.*
- Both the federal government and the state governments are divided into three separate branches: the legislative branch, the executive branch and the judicial branch.
  → *Sowohl die Bundesregierung als auch die Regierungen der Bundesstaaten haben eine dreigliedrige Gewaltenteilung: die Legislative, die Exekutive und die Judikative.*
- The legislative branch makes the law, the executive branch administers the law and the judicial branch enforces the law.
  → *Die Legislative macht die Gesetze, die Exekutive führt die Gesetze aus und die Judikative vollstreckt die Gesetze.*

- At federal level, the executive branch is the federal government led by the President, who may only be elected for a maximum of two four-year terms.
  → *Auf Bundesebene ist die Exekutive die Bundesregierung, die von dem Präsidenten geführt wird. Der Präsident darf für maximal zwei vierjährige Amtszeiten gewählt werden.*
- The President is not only head of the federal government but also commander-in-chief of the armed forces.
  → *Der Präsident ist nicht nur das Oberhaupt der Bundesregierung, sondern auch der Oberbefehlshaber der Streitkräfte.*
- To avoid conflicts of interest, the President and members of the cabinet cannot have a seat in either the Senate or the House of Representatives.
  → *Um Interessenkonflikte zu vermeiden, dürfen der Präsident und die Kabinettsmitglieder weder einen Sitz im Senat noch einen im Repräsentantenhaus haben.*
- The President also has to get Congress's agreement to introduce laws, to approve the federal budget or to declare war.
  → *Der Präsident muss auch die Zustimmung des Kongresses einholen, um Gesetze einzubringen, um den Bundeshaushalt zu genehmigen oder um einen Krieg zu erklären.*
- The US Supreme Court can declare government actions to be unconstitutional and order laws to be changed or repealed.
  → *Der US Supreme Court kann entscheiden, dass die Handlungen der Regierung verfassungswidrig sind, und daher eine Änderung oder Aufhebung der Gesetze anordnen.*
- The Senate concentrates mainly on foreign affairs and pivotal national issues.
  → *Der Senat konzentriert sich hauptsächlich auf die Außenpolitik und auf grundlegende nationale Fragen.*
- The upper house of Congress, the Senate, has 100 members – two from each state – who are elected for 6 years.
  → *Das Oberhaus des Kongresses, der Senat, hat 100 Mitglieder – zwei aus jedem Bundesstaat –, die für eine sechsjährige Amtszeit gewählt werden.*

- The lower house of Congress, the House of Representatives, has 435 members who are elected for two years.
→ *Das Unterhaus des Kongresses, das Repräsentantenhaus, hat 435 Mitglieder, die für eine zweijährige Amtszeit gewählt werden.*
- The House of Representatives is more concerned with domestic and local issues, but it alone can vote on taxation.
→ *Das Repräsentantenhaus befasst sich stärker mit innerstaatlichen und regionalen Fragen, aber es kann auch allein über die Besteuerung abstimmen.*
- The USA consists of 50 states, each with its own government led by a governor.
→ *Die USA besteht aus 50 Bundesstaaten, jeder mit einer eigenen Regierung, die von einem/einer Gouverneur/-in geführt wird.*
- State legislatures are also split into two houses, the Senate and the House of Representatives, and each state also has a State Supreme Court.
→ *Die Parlamente der Bundesstaaten werden ebenfalls in zwei Kammern unterteilt, den Senat und das Repräsentantenhaus, und jeder Bundesstaat hat einen obersten Gerichtshof.*
- American states have considerable independent powers such as local taxation, education and policing.
→ *Die amerikanischen Bundesstaaten haben weitreichende unabhängige Befugnisse, wie lokale Besteuerung, das Bildungswesen und das Polizeiwesen.*
- The most important political parties at both federal and state level are the Republicans and the Democrats.
→ *Die wichtigsten politischen Parteien sowohl auf Bundesebene als auch auf Bundesstaatsebene sind die Republikaner und die Demokraten.*
- The Democrats tend to be supported by members of the working class and upper middle class, ethnic minorities and academics.
→ *Die Demokraten werden tendenziell von Menschen aus der Arbeiterklasse, der gehobenen Mittelklasse, von ethnischen Minderheiten und Akademikern unterstützt.*

- The Republicans get more support from rural areas and the better-off.
  → *Die Republikaner bekommen mehr Unterstützung in ländlichen Gebieten und von den „Besserverdienenden".*
- Candidates, especially for the presidency, have to secure the nomination of their party through a complicated system of primaries, caucuses and then conventions.
  → *Wahlkandidaten, besonders für die Präsidentschaft, müssen sich die Nominierung ihrer Partei durch ein kompliziertes System von Vorwahlen, Wahlausschüssen und schließlich von nationalen Parteitagen sichern.*

Immigration and the American Dream

- Immigration to the USA took place in four waves: the colonial period up to 1812, the mid-nineteenth century, the early twentieth century and post-1965.
  → *Die Einwanderung in die USA hatte vier Hochphasen: die Kolonialperiode bis 1812, die Mitte des 19. Jahrhunderts, den Anfang des 20. Jahrhunderts und die Zeit nach 1965.*
- Each wave of settlers brought distinct national groups to the United States.
  → *Jede (Einwanderungs-)Welle brachte eigenständige nationale Gruppen in die USA.*
- The third wave consisted mainly of immigrants from southern and eastern Europe, particularly from Greece, Italy and Poland.
  → *Die dritte (Einwanderungs-)Welle bestand hauptsächlich aus Migranten aus Süd- und Osteuropa, besonders aus Griechenland, Italien und Polen.*
- The colonial period was marked by migration mainly from Britain and France. There were also large numbers of forced immigrants, that is slaves, from Africa.
  → *Die Kolonialperiode wurde geprägt von Migration hauptsächlich aus Großbritannien und Frankreich. Es gab auch eine große Anzahl an Zwangsmigranten, also Sklaven, aus Afrika.*

- The mid-nineteenth century wave was made up mainly of north Europeans, largely from Ireland, Germany, the Netherlands and Sweden.
  → *Die (Einwanderungs-)Welle Mitte des 19. Jahrhunderts bestand hauptsächlich aus Nordeuropäern, überwiegend aus Irland, Deutschland, den Niederlanden und Schweden.*
- The post-1965 period has seen a large movement of people from Latin America and Asia.
  → *Die Periode nach 1965 erlebte eine große (Migrations-)Bewegung von Menschen aus Lateinamerika und Asien.*
- It is often asked whether the USA is a "melting pot" or a "salad bowl".
  → *Es wird häufig gefragt, ob die USA ein „Schmelztiegel" oder eine „Salatschüssel" sei.*
- From the beginning of the 20th century, America's political elite was becoming worried by the growth of immigrant ghettos.
  → *Mit dem Anfang des 20. Jahrhunderts begann sich Amerikas politische Elite über die steigende Zahl von Immigrantenghettos zu sorgen.*
- To counter the development of ghettos, the USA tried to cre-ate a melting pot by assimilating the numerous "immigrant cultures" into a single "American culture".
  → *Um der Entwicklung von Ghettos entgegenzuwirken, versuchte die USA durch die Anpassung der zahlreichen „Immigrantenkulturen" an eine einzelne „amerikanische Kultur", einen Schmelztiegel zu schaffen.*
- Although this policy of cultural assimilation was successful in so far as it created common American values, at the level of everyday life, it failed.
  → *Obwohl diese Politik der kulturellen Assimilation insofern erfolgreich war, als dass sie gemeinsame amerikanische Werte geschaffen hat, hat sie auf der Ebene des Alltagslebens versagt.*
- The idea of the melting pot failed because it ignored reality.
  → *Die Idee des Schmelztiegels versagte, weil sie die Realität außer Acht ließ.*

- The idea ignored the refusal of a large majority of white Americans to accept the integration of Afro-Americans and Native Americans.
  → *Die Idee (des Schmelztiegels) ließ die Tatsache außer Acht, dass die große Mehrheit der weißen Amerikaner sich weigerte, die Integration von Afroamerikanern und amerikanischen Ureinwohnern zu akzeptieren.*
- The idea also ignored the fact that every big American city had its Chinatown, its Little Italy and its Little Poland.
  → *Die Idee (des Schmelztiegels) ließ auch die Tatsache außer Acht, dass jede große amerikanische Stadt ihr chinesisches, ihr italienisches und ihr polnisches Viertel hatte.*
- Above all, the policy of assimilation ignored the fact that most immigrants wanted American citizenship and an American standard of living, but not the American way of life. In short, most Americans didn't want a melting pot, but a salad bowl.
  → *Vor allen Dingen ignorierte die Politik der Assimilation die Tatsache, dass die meisten Immigranten die amerikanische Staatsbürgerschaft und einen amerikanischen Lebensstandard wollten, nicht aber die amerikanische Lebensart. Kurzum, die meisten Amerikaner wollten keinen „Schmelztiegel", sondern eine „Salatschüssel".*
- The "American Dream" can be seen as the capitalist equivalent of American ideals of democracy and personal freedom.
  → *Der „amerikanische Traum" kann als das kapitalistische Äquivalent zu den amerikanischen Idealen Demokratie und persönliche Freiheit gesehen werden.*
- The American Dream is a promise of material prosperity by means of which people can achieve a "better, richer, and happier life".
  → *Der amerikanische Traum ist das Versprechen von materiellem Wohlstand, durch den die Menschen ein „besseres, reicheres und glücklicheres Leben" erreichen können.*
- Is the American Dream myth or reality?
  → *Ist der amerikanische Traum Mythos oder Realität?*

- Research shows that the American Dream has not helped the great majority of members of ethnic and social minorities to improve either their standard of living or their social status.
  → *Die Forschung zeigt, dass der amerikanische Traum der großen Mehrheit der Mitglieder ethnischer und sozialer Minderheiten nicht geholfen hat, ihren Lebensstandard bzw. ihren Sozialstatus zu verbessern.*
- In fact, research suggests that the distribution of wealth, higher education and political influence in the USA benefits only a few privileged groups.
  → *Die Forschung deutet vielmehr an, dass am Wohlstand, an weiterführender Schulbildung und an der politischen Macht in den USA nur einige wenige privilegierte Gruppen teilhaben.*

America and the terrorist threat

- The terrorist attacks on New York and Washington DC on September 11th, 2001 (9/11) had a traumatic effect on the American people and government.
  → *Die Terrorangriffe auf New York und Washington DC am 11. September 2001 (9/11) hatten eine traumatische Wirkung auf das amerikanische Volk und die Regierung.*
- The success of the attack was caused in part by the failure of American security services to work together and keep each other informed.
  → *Der Erfolg der Anschläge ist teilweise auf das Versagen der amerikanischen Sicherheitsbehörden zurückzuführen, die nicht zusammenarbeiteten und sich nicht gegenseitig informierten.*
- The most important consequence of 9/11 was the USA Patriot Act which became law on 26 October 2001.
  → *Die wichtigste Folge von 9/11 war der USA Patriot Act, der am 26. Oktober 2001 in Kraft trat.*
- Among other things, the act gives the security services almost limitless access to phone calls and emails as well as medical, financial, and other records.
  → *Unter anderem ermöglicht das Gesetz den Sicherheitsbehör-*

den einen fast unbeschränkten Zugriff auf Telefonate und E-Mails sowie auf medizinische und andere Unterlagen bzw. auf Dokumente, welche die Finanzen betreffen.

- The Act allows the police to arrest and deport immigrants suspected of terrorism.
  → *Das Gesetz gibt der Polizei das Recht, Immigranten, die unter Terrorismusverdacht stehen, zu verhaften und auszuweisen.*
- Constitutional lawyers criticise the Patriot Act for four reasons: the indefinite detention of immigrants, the searching of homes without the occupant's knowledge, the searching of private records without a court order and, finally, the surveillance of internet use.
  → *Verfassungsrechtler kritisieren den* Patriot Act *aus vier Gründen: die unbefristete Inhaftierung von Immigranten, die Durchsuchung von Privathäusern ohne Wissen der Bewohner, die Durchsuchung von privaten Unterlagen ohne gerichtliche Anordnung und, schließlich, die Überwachung der Internetnutzung.*
- Owing to these criticisms, federal courts have already ruled that several provisions of the Patriot Act are unconstitutional.
  → *Wegen dieser Kritik haben Bundesgerichte bereits beschlossen, dass mehrere Bestimmungen des* Patriot Act *verfassungswidrig sind.*
- The second consequence of the attacks was the setting up of the Department of Homeland Security (DHS) on 6 March 2003.
  → *Die zweite Folge der Angriffe war die Gründung des Heimatschutzministeriums (DHS) am 6. März 2003.*
- The DHS's job is to protect America from all forms of terrorism by coordinating counterterrorism activities.
  → *Die Funktion des DHS ist, Amerika vor allen Formen des Terrorismus durch die Koordinierung von Antiterrormaßnahmen zu schützen.*
- The final consequence of 9/11 was increased military action against terrorism abroad, particularly in Iraq and Afghanistan.

→ *Die Folge von 9/11 war der verstärkte militärische Einsatz gegen Terrorismus im Ausland, besonders im Irak und in Afghanistan.*

Globalisation

Definitions of globalisation

- From an economic point of view, globalisation is the free movement of goods, services and capital throughout the world.
  → *Aus ökonomischer Sicht ist Globalisierung der freie Verkehr von Waren, Dienstleistungen und Kapital auf der ganzen Welt.*
- Factors that have led to global integration are, firstly, the abolition or lowering of import duties, secondly, advanced communications and transport systems, thirdly, easy capital investment, fourthly, the development of huge multinational cross-border businesses and, finally, the fact that the volume production of goods has exhausted the consumer potential of national and regional markets.
  → *Faktoren, die zur globalen Integration geführt haben, sind: erstens die Abschaffung oder Reduzierung von Einfuhrzöllen, zweitens die verbesserten Kommunikations- und Transportsysteme, drittens die einfache Kapitalanlage, viertens die Entwicklung von riesigen multinationalen, grenzüberschreitenden Unternehmen und schließlich die Tatsache, dass die Massenproduktion von Waren das Verbraucherpotenzial auf nationalen und regionalen Märkten ausgeschöpft hat.*
- In a wider perspective globalisation is not only an economic phenomenon, but also a cultural one.
  → *Auf längere Sicht ist Globalisierung nicht nur ein ökonomisches, sondern auch ein kulturelles Phänomen.*
- This view points, firstly, to increasing westernisation, particularly in clothing, food and drink, mass entertainment, advertising and consumer goods such as mobile phones and flat-screen TVs.
  → *Diese Ansicht verweist erstens auf zunehmende Verwestlichung, besonders in Hinblick auf Kleidung, Lebensmittel und*

Getränke, Massenunterhaltung, Werbung und Gebrauchsgüter, wie Handys und Flachbildfernseher.

- Secondly, this view sees a decline in traditional religious and moral values together with an increasing secularisation of life.
  → *Zweitens erkennt diese Anschauung einen Verfall von traditionellen, religiösen und moralischen Werten im Zusammenhang mit der zunehmenden Säkularisierung des Lebens.*
- The cultural view of globalisation points, thirdly, to the spread of western democratic or semi-democratic ideals of free personal and political choice.
  → *Die kulturelle Kritik an der Globalisierung verweist drittens auf die Verbreitung von westlichen demokratischen Idealen, die freie persönliche und politische Entscheidungen betreffen.*
- The spread of the English language as a genuine "world language" is also seen as a factor in increasing globalisation.
  → *Die Ausdehnung der englischen Sprache als eine echte „Weltsprache" wird ebenfalls als ein Faktor der zunehmenden Globalisierung betrachtet.*
- Whether globalisation and its cultural effects are beneficial or not remains a matter of dispute.
  → *Ob die Globalisierung und ihre kulturellen Auswirkungen vorteilhaft sind oder nicht, bleibt eine Streitfrage.*
- Supporters of globalisation believe that it will lead to worldwide economic growth in the form of jobs, schools, health care, improved infrastructure, social mobility and peaceful coexistence.
  → *Befürworter der Globalisierung glauben, dass sie zu weltweitem ökonomischem Wachstum führen wird, was bedeutet: mehr Arbeitsplätze, Schulen, Gesundheitsfürsorge, verbesserte Infrastruktur, soziale Mobilität und friedliches Zusammenleben.*
- Opponents of globalisation believe that it will not benefit undeveloped economies to any great extent.
  → *Gegner der Globalisierung glauben, dass unterentwickelte Ökonomien in einem großen Ausmaß benachteiligt werden.*

- Opponents say that a global market increases the opportunities for the rich nations to take even more advantage of poorer ones.
  → *Gegner sagen, dass der globale Markt die Chancen der reichen Nationen erhöht, die ärmeren noch mehr auszunutzen.*
- Opponents also fear the gradual eradication of cultural diversity and take the creation of a unitary "world culture" for a huge loss.
  → *Gegner befürchten auch das allmähliche Verschwinden der kulturellen Vielfalt und halten die Schaffung einer einheitlichen „Weltkultur" für einen riesigen Verlust.*

The information revolution

- Digitalisation is the transmission of data in binary form.
  → *Digitalisierung ist die Übermittlung von Daten in Binärform.*
- Huge amounts of data can be transmitted simultaneously not only on radio waves to satellite dishes and aerials, but also sent along telephone lines, TV cables and power lines.
  → *Riesige Datenmengen können gleichzeitig nicht nur über Funkwellen an Satellitenschüsseln und Antennen gesendet werden, sondern auch über Telefonleitungen, TV-Kabel und Stromleitungen.*
- This is the basic technology that has given us the Internet, which some call "the engine of globalisation".
  → *Dies ist die grundlegende Technologie, zu der uns das Internet verholfen hat, das einige „den Motor der Globalisierung" nennen.*

The migration of people and jobs

- In developed countries, the outsourcing of jobs to low-wage countries in Asia and Eastern Europe is seen as a big problem.
  → *In Industrieländern wird die Auslagerung von Jobs in Niedriglohnländer Asiens und Osteuropas als ein großes Problem gesehen.*
- However, evidence suggests that worries about the negative effect of outsourcing on domestic labour markets were probably exaggerated.

→ *Es zeigt sich jedoch, dass Bedenken im Hinblick auf die negativen Auswirkungen von Outsourcing auf die heimischen Arbeitsmärkte wahrscheinlich übertrieben waren.*

- Firstly, while some companies moved production abroad, the alternative was downsizing or closing. In such cases, outsourcing led to no or only small job losses at home.
  → *Zum einen hatten manche Firmen, die ihre Produktion ins Ausland verlagerten, nur die Alternative, ihre Betriebe zu verkleinern oder zu schließen. In solchen Fällen führte eine Auslagerung zu keinem oder nur zu geringem heimischen Stellenabbau.*
- Labour market statistics show that only about a 25% of industrial jobs lost in the USA were destroyed by outsourcing. The remaining 75% were lost because of automation.
  → *Die US-Arbeitsmarktstatistik zeigt, dass nur ca. 25 Prozent der Arbeitsplätze, die verloren gegangen sind, durch Outsourcing vernichtet wurden. Die verbliebenen 75 Prozent gingen durch die Automatisierung verloren.*
- In several cases, companies have had to move production back home to maintain their quality standards.
  → *In mehreren Fällen mussten Firmen die Produktion wieder zurück in die Heimat verlagern, um ihre Qualitätsstandards aufrechtzuerhalten.*
- Another big problem with outsourcing is that wage and energy costs quickly rise in the host country. This means that cost savings become progressively smaller and are only temporary.
  → *Ein weiteres großes Problem mit Outsourcing ist, dass Lohn- und Energiekosten in dem Aufnahmeland rasch ansteigen. Dies bedeutet, dass Kosteneinsparungen progressiv kleiner werden und nur vorübergehend sind.*
- A further significant problem with globalisation is not so much job losses through outsourcing as the migration of cheap labour from developing economies to developed ones.
  → *Ein weiteres wesentliches Problem der Globalisierung ist nicht so sehr der Stellenabbau durch Outsourcing als vielmehr die*

Migration von billigen Arbeitskräften aus Entwicklungsländern in die Industriestaaten.

- An abundance of cheap labour has led to job losses among North Americans and West Europeans and a downward pressure on wages.
  → *Ein Überschuss an billigen Arbeitskräften hat zu Jobverlusten bei Nordamerikanern und Westeuropäern sowie zu sinkenden Löhnen geführt.*

International organisations

The future of the EU

- It is still impossible to predict the future of Europe with certainty, but some factors are already becoming clearer.
  → *Es ist unmöglich, mit Sicherheit die Zukunft Europas vorauszusagen, aber einige Faktoren werden bereits klarer.*
- It is clear that the integration of the EU will be extremely expensive.
  → *Es ist klar, dass die Zusammenführung in der EU extrem teuer werden wird.*
- At current rates of growth, it could take 40 years or more for countries like Poland to reach the average EU living standard.
  → *Bei aktuellen Zuwachsraten könnte es 40 Jahre oder länger dauern, bis Länder wie Polen den durchschnittlichen Lebensstandard der EU erreichen.*
- It seems certain that friction between West and East could increase.
  → *Es scheint sicher zu sein, dass die Spannungen zwischen Ost und West zunehmen.*
- Friction will grow if workers in the West think that their jobs are being outsourced to the cheaper East with the help of their own taxes.
  → *Spannungen werden zunehmen, wenn Arbeitskräfte aus dem Westen meinen, dass ihre Arbeitsplätze mithilfe ihrer Steuergelder nach Osten ausgelagert werden.*

- In spite of some economic and social problems, fuller integration will be gradually achieved over the next 20 years.
  → *Trotz einiger ökonomischer und sozialer Probleme wird die Integration in den nächsten 20 Jahren allmählich zunehmen.*
- This process of integration will certainly be slowed down by the many different cultures, languages and economic possibilities.
  → *Dieser Prozess der Integration wird sicherlich durch die vielen verschiedenen Kulturen, Sprachen und ökonomischen Möglichkeiten gebremst werden.*
- Full European integration can only be achieved with a strong EU government and visionary leadership.
  → *Vollständige europäische Integration kann nur durch eine starke EU-Regierung und eine visionäre Führung erreicht werden.*
- As the low turnout in European elections shows, the European Parliament does not attract the same interest as national parliaments do, and this represents a serious weakness.
  → *Wie die niedrige Beteiligung an europäischen Wahlen zeigt, ist das europäische Parlament weniger interessant als nationale Parlamente, dies ist ein Zeichen ernsthafter Schwäche.*
- However, these questions are the core of the problem: Who governs Europe? Is it national ministers appointed by their own governments and meeting in secret? Or is it elected representatives of the people (MEPs) meeting and debating in public?
  → *Der Kern des Problems sind jedoch diese Fragen: Wer regiert Europa? Sind es nationale Minister, die von ihren eigenen Regierungen ernannt werden und im Geheimen beraten? Oder sind es gewählte Vertreter des Volkes (MEPs), die sich öffentlich treffen und debattieren?*
- The likelihood is that the European Parliament will win more real power at the expense of national parliaments.
  → *Es ist wahrscheinlich, dass das europäische Parlament mehr Macht auf Kosten der nationalen Parlamente gewinnen wird.*
- Although all European countries have a common European cultural heritage, national differences, real or imagined, are often deep.

→ *Obwohl alle europäischen Länder ein gemeinsames europäisches Kulturerbe haben, sind die nationalen Unterschiede, real oder in den Köpfen, oft groß.*

The United Nations (UN) as peacekeeper

- In its function as peacekeeper or the "world's policeman", the UN has attracted massive criticism.
  → *In ihrer Funktion als Friedenswächter oder „Weltpolizei" wurden die Vereinten Nationen massiv kritisiert.*
- The UN is a multinational parliament that is made up of practically all the world's sovereign states. At present, there are 193 members.
  → *Die Vereinten Nationen sind ein multinationales Parlament, das aus praktisch allen souveränen Staaten der Welt besteht. Zurzeit haben sie 193 Mitglieder.*
- The UN consists of the General Assemly, in which all members have a seat, and the Security Council with 15 selected members. The Security Council has five permanent members (China, France, Russia, the UK and the USA) with the power of veto.
  → *Die Vereinten Nationen bestehen aus der Generalversammlung, in der alle Mitglieder einen Sitz haben, und aus dem Sicherheitsrat mit 15 ausgewählten Mitgliedern. Der Sicherheitsrat hat fünf ständige Mitglieder (China, Frankreich, Russland, Großbritannien und die USA) mit einem Vetorecht.*
- Although the UN is active in economic development, health care and the protection of refugees and children, its main role is the preservation of world peace through the agency of the Security Council.
  → *Obwohl sich die Vereinten Nationen aktiv um ökonomische Entwicklung, Gesundheitsfürsorge und den Schutz von Flüchtlingen und Kindern kümmern, besteht ihre Hauptaufgabe in der Erhaltung des Weltfriedens durch den Sicherheitsrat.*
- The first point of criticism is the selfish use of the veto by the five permanent members of the Security Council to block decisions of the General Assembly.

→ *Der erste Kritikpunkt ist der eigennützige Gebrauch des Vetos der fünf ständigen Mitglieder des Sicherheitsrates, um Entscheidungen der Generalversammlung zu blockieren.*

- Secondly, the five veto powers all have nuclear weapons. In effect, they have formed an exclusive "nuclear club" that only cares about its interests and political influence.

  → *Zweitens verfügen alle fünf Vetomächte über Kernwaffen. Faktisch haben sie einen exklusiven „Atomverein" gebildet, der sich nur um eigene Interessen und um ihren politischen Einfluss kümmert.*
- Thirdly, the permanent members meet privately and then present their resolutions to the full council as a "fait accompli".

  → *Drittens treffen sich die ständigen Mitglieder im Geheimen und präsentieren dann ihre Entscheidungen dem gesamten Rat als vollendete Tatsachen.*
- The fourth criticism is that the Security Council is largely ineffective because there are no tough sanctions against countries that disobey it.

  → *Der vierte Kritikpunkt ist, dass der Sicherheitsrat weitgehend ineffektiv ist, weil es keine harten Sanktionen gegen Länder gibt, die seine Weisungen missachten.*
- A fifth argument for reform is that the Security Council has too much power at the expense of the General Assembly and even the Secretary-General, neither of which have real influence.

  → *Das fünfte Argument für eine Reform ist, dass der Sicherheitsrat zu viel Macht auf Kosten der Generalversammlung und sogar des Generalsekretärs hat, da beide keinen wirklichen Einfluss haben.*
- Finally, the five permanent members of the Security Council are the largest armaments manufacturers in the world, which makes them unwilling to ban the weapons trade.

  → *Schließlich sind die fünf ständigen Mitglieder des Sicherheitsrates die größten Waffenhersteller der Welt, die kaum bereit sind, den Waffenhandel zu verbieten.*

Präpositionen

NOTICE Die folgenden englischen präpositionalen Wendungen weichen vom deutschen Gebrauch manchmal stark ab. Sie führen daher besonders häufig zu Fehlern.

Präpositionen der Zeit

Prepositions of time

at Christmas	zu Weihnachten
at 40 (years of age)	mit 40
at 6 o' clock	um 6 Uhr
at mealtimes	zu den Mahlzeiten (oder: zur Essenszeit)
at lunch time	in der Mittagszeit
at breakfast	beim Frühstück
at the/this/that time	zu der/dieser/jener Zeit
at all times	jederzeit
at night	bei Nacht
at the weekend / at weekends	am Wochenende
at the moment	im Moment
at once	sofort
at one time	früher
at present	zurzeit, jetzt
at the time	zu der Zeit
at times	gelegentlich
in time	rechtzeitig
in the morning/evening/…	am Morgen/Abend/…
in a minute/moment	gleich
in no time	sekundenschnell
on time	planmäßig
on the hour	zur vollen Stunde

Last und ***next*** werden ohne Präposition benutzt:
I saw Jane ***last Friday.***
Am letzten Freitag traf ich Jane.
We are going to Austria ***next winter.***
Nächsten Winter fahren wir nach Österreich.

Präpositionen des Ortes

Prepositions of place	
at the station	am Bahnhof
at the baker's	beim Bäcker
at the chemist's	in der Apotheke
at the supermarket	im Supermarkt
at my parents' (home)	bei meinen Eltern
at 20 Church Street	in der Church Street 20
at work	bei der Arbeit
at the seaside	am Meer
at a meeting	bei einer Sitzung
at a concert	bei einem Konzert
at Jill's party	auf Jills Party
at the table	am Tisch
at hand	zur Hand
in the street	auf der Straße
in the sky	am Himmel
in the country	auf dem Land
in the picture/photo	auf dem Bild/Foto
in the world	auf der Welt
in depth	in allen Einzelheiten
on the road	auf der Straße
on the board	an der Tafel
on board	an Bord
on the wall	an der Wand
on the beach	am Strand
on the coast	an der Küste
on the Rhine	am Rhein
on the bus/plane/…	im Bus/Flugzeug/…
on the first/… floor	im ersten/… Stock
on the way to	unterwegs nach
on the left/right	links/rechts
on business	geschäftlich unterwegs
on display	ausgestellt (im Schaufenster o. Ä.)
on hand	vorrätig

Sonstige Präpositionen

Other prepositions	
at £3.75	für £ 3,75
at last	endlich
at least	mindestens
not at all	überhaupt nicht
at any rate	zumindest
at first sight	auf den ersten Blick
at pains	sehr bemüht
in your own words	mit eigenen Worten
in a loud/quiet voice	mit lauter/leiser Stimme
in my opinion/view	meiner Meinung nach
in love with	verliebt in
in German	auf Deutsch
in the end	schließlich
in addition to	zusätzlich zu
in any case	auf jeden Fall
in brief	kurz gesagt
in comparison	im Vergleich
in conclusion	zum Schluss
in a hurry	in Eile
in different/various ways	auf verschiedene Weise
on the radio	im Radio
on TV	im Fernsehen
on the phone	am Telefon
on holiday/vacation	im Urlaub
on foot	zu Fuß
on horseback	zu Pferd
on bike/bus/…	mit dem Rad/Bus/…
by Mozart/Bach/…	von Mozart/Bach/…

Stichwortverzeichnis

Ein *summary* schreiben

Die fünf wichtigsten Fragen an einen Text lauten: *Who? What? When? Where? Why?* Gehen Sie schrittweise vor:

- Im **einleitenden Satz** nennen Sie die Textsorte (Zeitungsartikel, Gedicht, Roman, Kurzgeschichte o. Ä.) und den Namen des Autors. Am besten, Sie ordnen den Text auch in einen übergeordneten thematischen Zusammenhang ein.
- Der **Hauptteil** widmet sich den Hauptfiguren, dem Ort und der Zeit der geschilderten Ereignisse bzw. der Handlung.
- Die **Schlussbetrachtung** fasst zusammen, was im Originaltext (!) als Schluss formuliert wird.

Für die **sprachliche Gestaltung** eines *summary* gilt:

- Schreiben Sie im *present tense!* Vorzeitiges Geschehen wird im *past tense* ausgedrückt.
- Verwenden Sie indirekte Rede.
- Ersetzen Sie Aufzählungen durch Oberbegriffe und verzichten Sie auf sprachliche Bilder – bleiben Sie sachlich!

Richtig übersetzen

Übersetze so frei wie nötig, aber so treu wie möglich! Beachten Sie:

- **Auch selbstverständliche Sachverhalte werden im Englischen in Worte gefasst.** *The tea is too hot to drink.* (Der Tee ist zu heiß.)
- **Wichtige Einzelheiten stehen im Englischen meist am Satzanfang – im Deutschen eher am Satzende.** *It helps against diseases ranging from cancer to the common cold.* (Es hilft gegen Krankheiten, von einer einfachen Erkältung bis hin zu Krebs.)
- **Sachverhalte werden häufig personalisiert. Das Englische verwendet wenig unpersönliche Konstruktionen.** *The experiment has shown astonishing results.* (Bei diesem Experiment wurden erstaunliche Ergebnisse erzielt.)
- **Im Englischen werden Sachverhalte gerne mithilfe von Verben formuliert, wo sich im Deutschen häufig eine Nominalisierung findet.** *The temperature raises as the pressure increases.* (Mit dem Ansteigen des Drucks erhöht sich auch die Temperatur.)
- **Für idiomatische Redewendungen muss nach einer richtigen Entsprechung gesucht werden.**
  It's raining cats and dogs. (Es gießt in Strömen)
  to make a mountain out of a molehill (aus einer Mücke einen Elefanten machen)
- **Bei Eigennamen gibt es manchmal keine Übersetzung.**
  Amnesty International

Dialekt, Stil, Register

Wer eine Sprache beherrscht, verwendet Wörter auch idiomatisch und stilistisch angemessen. Er berücksichtigt, dass es Situation gibt, in denen sich einzelne Sprecher einer Sprache von anderen abgrenzen, indem sie z. B. Dialekt sprechen oder Fachbegriffe verwenden. Solche Sprachvarianten unterscheiden sich von der Standardsprache, die sich an Normen der geschriebenen Sprache orientiert, wie folgt:

Dialekt *(dialect)*	**Stil *(style)***	**Sprachebene *(register)***
◆ regional und/oder sozial bedingte Sprachvariante ◆ weist in Aussprache (= phonetische/lautliche), Grammatik und Lexik (= Wortschatz) Besonderheiten auf ◆ tritt vor allem mündlich auf	◆ folgt festgelegten Regeln ◆ situations- und umgebungsabhängig ◆ nicht regional begrenzt ◆ mündlicher und schriftlicher Gebrauch	◆ geht häufig mit speziellen Themen oder Funktionen (z. B. Werbung) einher ◆ kennzeichnet Berufsgruppen (Ärzte, Jäger usw.) ◆ nicht regional begrenzt ◆ mündlicher und schriftlicher Gebrauch

Formal und *informal* English

Je nach Gesprächssituation gibt es für gleiche Aussagen unterschiedliche Formulierungen. Formelle Wörter sind oft an ihrem lateinischen oder griechischen Ursprung erkennbar, häufig weisen sie auch grammatische Besonderheiten auf.

formelle Wörter/Wendungen	informelle Entsprechungen
to encounter	to meet
assistance	help
to menace	to threaten
to elucidate	to explain
to extinguish	to put out
Would you please stop talking?	Be quiet! Shut up!

formelle Grammatikkonstruktionen	informelle grammatische Entsprechungen
◆ Verwendung des Personalpronomens *one* ◆ Nominalstil ◆ Verwendung zahlreicher Gerundien	◆ Verwendung des Personalpronomens *you* ◆ verbale Ausdrucksweise ◆ Verwendung von Relativsätzen und anderen Nebensatzarten

Strukturgebende Elemente einer fiktionalen Handlung

Die Handlung *(plot)* eines fiktionalen Textes oder eines Films besteht aus verschiedenen Ereignissen, die durch Ursache und Wirkung miteinander verknüpft sind.
Die fünf wesentlichen Handlungselemente haben folgende Funktionen:

Handlungselement	Funktion
exposition	Einführung in die Handlung; liefert Informationen zu den Hauptfiguren, Thema, *setting* und *atmosphere*
rising action	ansteigende Handlung; Spannungsaufbau; Darstellung und Zuspitzung des Konflikts
climax/crisis/turning point	Höhe- und Wendepunkt der Handlung – der Konflikt ist auf die Spitze getrieben, eine Wendung geschieht
falling action	fallende Handlung, die Spannung fällt ab
ending/denouement	Das Ende einer Handlung kann geschildert werden als *catastrophe, happy ending, open ending, surprise ending*

Formen des Romans

Englischer Begriff	Deutsche Entsprechung
bildungsroman/education novel	Bildungsroman; erzählt die Entwicklung des Protagonisten von der Kindheit bis zum Erwachsenenalter.
detective novel/story	Detektivroman
epistolary novel	Briefroman; die Figuren kommunizieren in Briefen.
gothic novel	Horror-/Schauerroman
historical novel	Historischer Roman
novel of manners	Sittenroman; im Fokus stehen die Gepflogenheiten einer bestimmten sozialen Schicht.
picaresque novel	Schelmenroman
psychological novel	Psychologischer Roman, der das Innenleben einer Figur in den Vordergrund stellt
roman à clef	Schlüsselroman; eine tatsächlich existierende Person wird als fiktiver Charakter dargestellt.
science fiction	Science fiction/Zukunftsroman
utopian/dystopian novel	utopischer/dystopischer Roman

Beispiel 1

Die wichtigsten Epochen des englischsprachigen Romans (bis 20. Jahrhundert)

Epoche	Merkmale/Besonderheiten	Beispiel
Altenglische Epik (450–1066)	Heldenepen, Geschichtsepen	*Beowulf*
Mittelenglische Epik (1066–1500)	Einführung des Reims und der *romance* (Einfluss aus der franz./normannischen Kultur)	Geoffrey Chaucer: *The Canterbury Tales* (1387–1400)
Renaissance (1500–1660) Zeitalter des Humanismus	Weiterentwicklung der Versepen	Thomas Morus: *Utopia* (1516) John Milton: *Paradise Lost* (1642–1663)
Restauration und neoklassische Zeit (1660–1798) Zeitalter der Aufklärung	Herausbildung des Romans mit der Figur eines allwissenden Erzählers	Jonathan Swift: *Gulliver's Travels* (1726) Daniel Defoe: *Robinson Crusoe* (1719) Henry Fielding: *Tom Jones* (1749) Laurence Sterne: *Tristam Shandy* (1760–1767)
19. und 20. Jahrhundert	Herausbildung der amerikanischen *Short Story;* verschiedene Ausprägungen des Romans als historischer, realistischer oder Gesellschaftsroman/Darstellung der Rolle der Frau	Nathaniel Hawthorne: *The Scarlett Letter* (1850) Herman Melville: *Moby Dick* (1851) Edgar Allan Poe/Charles Dickens/ John Steinbeck/Joseph Conrad/Doris Lessing

Das politische System Großbritanniens

Großbritannien ist eine **konstitutionelle Monarchie:** Die Königin (bzw. der König) ist Oberhaupt des Staates, hat aber keine politische Macht. Ihre drei Aufgaben sind: „*to be consulted, to advise and to warn.*" Die gesetzgebende Institution ist das Parlament *(Parliament)*, die Exekutive hat die Regierung, die vom Premierminister / der Premierministerin *(Prime Minister)* angeführt wird.

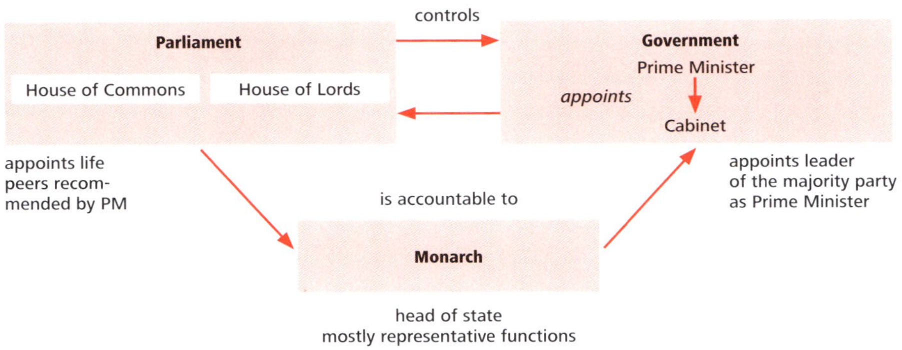

Das politische System der USA

Die USA sind eine **föderale Republik** aus 50 Staaten, Staatsoberhaupt ist der von Wahlmännern gewählte Präsident (= Exekutive). Er ist auch das Oberhaupt der Streitkräfte. Die gesetzgebende Gewalt ist der ***Congress,*** der aus dem ***Senate*** (100 auf sechs Jahre gewählte Mitglieder) und dem Repräsentantenhaus (***House of Representatives,*** 435 auf zwei Jahre gewählte Abgeordnete) besteht. Senat und Repräsentantenhaus sind weitgehend gleichberechtigt.
Legislative und Exekutive werden vom ***Supreme Court,*** dem obersten Gericht der USA, kontrolliert.

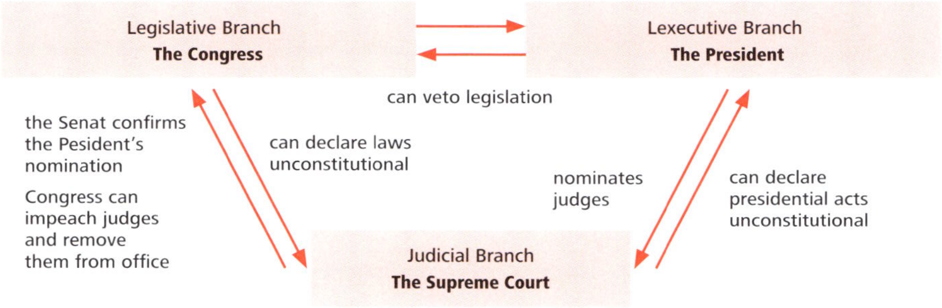

Das Bildungssystem in Großbritannien

Die meisten Kinder in Großbritannien besuchen eine staatliche Schule ***(state school)***, die keine Gebühren kostet. Einige Eltern jedoch ziehen es vor, ihre Kinder auf eine private Schule *(independant school*, auch ***public school****)* zu schicken, von denen viele auch Internate sind.

Der Lehrplan *(national curriculum)* ist für alle Schulen gleich.

In England, Wales und Nord-Irland legen die Schüler/-innen im Alter von 16 Jahren ein Examen, das *General Certificate of Secondary Education* ***(GCSE)*** ab, das die Eingangsvoraussetzung für *College* und *University* darstellt.

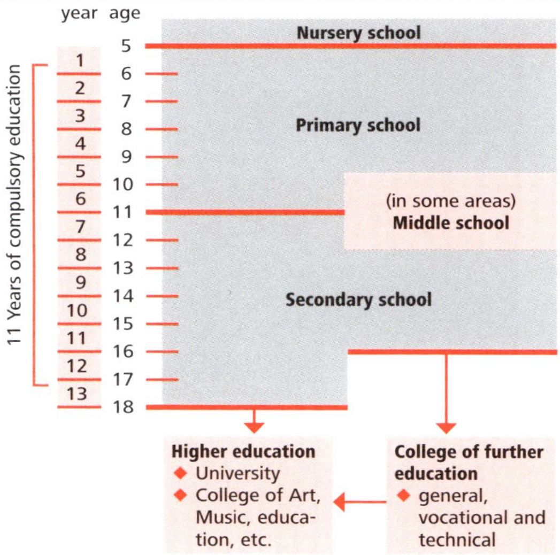

Das Bildungssystem in den USA

Öffentliche Schulen in den USA heißen ***public schools.*** Es gibt auch private Schulen ***(private schools)*** und Schulen, die von einer kirchlichen Organisation getragen werden ***(parochial schools)***, doch die Mehrheit der Kinder besucht öffentliche Schulen.

Der Schulabschluss in den USA ist die ***graduation,*** ein Punktesystem regelt den Zugang ins College oder an die Universität.

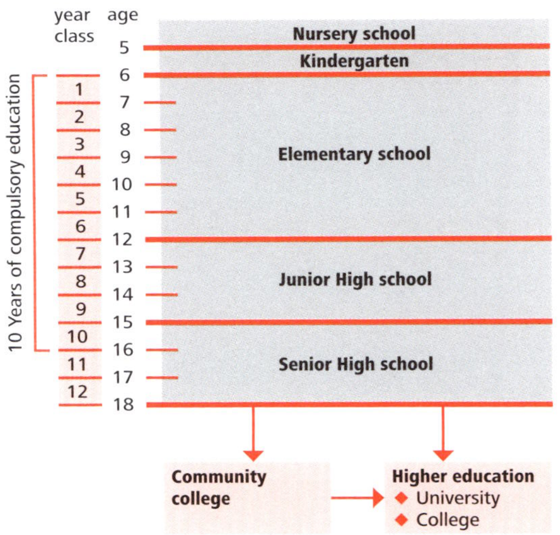

Medien: *Broadsheets* und *Tabloids* – eine Gegenüberstellung

Broadsheets **(seriöse Zeitungen)**	***Tabloids*** **(Boulevard-/Sensationspresse)**
Beispiele: *The Times, The Independant, The Daily Telegraph, The Guardian, The Financial Times, The New York Times, The Washington Post*	**Beispiele:** *The Sun, The Daily Mirror, The Daily Mail, The Daily Express, News of the World*
sachliche Überschriften *(factual headlines)*	zugespitzte, ggf. reißerische Überschriften *(attention grabbing headlines*
weniger Fotos, mehr Text *(greater proportion of text)*	großformatige Fotos und Überschriften; ein Schwerpunktthema auf der Titelseite
Fakten, dazu Analyse dieser Fakten *(hard news and analysis of issues)*	Klatschgeschichten *(gossip)* und Mitleid erregende Geschichten *(human-interest stories)*
tiefergehende Artikel *(analytical articles)*	kurze Artikel
ausgewogene, sachliche Informationen *(factual and balanced information)*	Fakten gleichrangig neben Meinungen und Übertreibungen *(exaggerations)*.
objektive Sprache	emotional gefärbte Sprache
Fotos und Grafiken zur Veranschaulichung	aufwühlendes, emotionales Bildmaterial

USA: *The American West*

Der amerikanische Westen ist geographische Region und Mythos zugleich. Trennlinie ist der Mississippi; die 17 am westlichsten auf dem Festland gelegenen Staaten der USA umfassen mehr als die Hälfte der Gesamtfläche des Staates. Texas ist der flächenmäßig größte Staat, Kalifornien der am dichtesten besiedelte.

The Western States

Washington – Oregon – California – Idaho – Nevada – Montana – Wyoming – Utah – Arizona – Colorado – New Mexiko – North Dakota – South Dakota – Nebraska – Kansas -Oklahoma – Texas

The myth

Der „Wilde Westen“ – das sind abenteuerliche Geschichten von Goldgräbern, Cowboys, von Indianern und großen Büffelherden; von Helden, die sich wildes Land untertan machen, und tapferen Siedlern, die das neue Land bewirtschaften und so den Grundstein für persönlichen und gesellschaftlichen Wohlstand legen. Ein Mythos sind diese Geschichten aber, weil der Alltag selten glorreich, sondern rau und oft einsam und gefährlich war.

The West today

Die westlichen Staaten prosperieren auch heute: Zahlreiche Nationalparks von einmaliger Schönheit ziehen Millionen von Touristen an, das **Silicon Valley** beherbergt die großen Digitalkonzerne, **Hollywood** beherrscht die Unterhaltungsindustrie.

USA: *The American Dream*

Vom Tellerwäscher zum Millionär – oder „*Work hard and you will achieve prosperity*“: Wer hart genug arbeitet, der wird mit persönlichem Wohlstand belohnt, so lautet das amerikanische Versprechen. Ein Traum, der die Verantwortung für ein gelingendes Leben, gepaart mit finanzieller Sicherheit, auf die Schultern des Individuums lädt.
Die Kehrseite dieser individuellen Verantwortung in den USA sind ein schlechtes Sozial- und Krankenversicherungswesen. Doch auf den einen, dem es gelingt, vom Tellerwäscher tatsächlich zum Millionär zu werden, kommen Tausende, die das nicht schaffen.

Armut in den Vereinigten Staaten

Ca. 40 Millionen Menschen – das entspricht 12,7 % der Bevölkerung – in den USA gelten als arm. Besonders von Armut betroffen sind ethnische Minderheiten, von denen die schwarze Bevölkerung mit ca. 23 % die größte Gruppe der Betroffenen stellt; aber auch die *Hispanics, Asian and Pacific Islanders* und die Gruppe der *Native Americans* leben proportional häufiger von Einkommen unterhalb der Armutsgrenze.

USA: *The Civil Rights Movement*

In den Jahren von 1954–1968, unter der Führung des amerikanischen Predigers **Martin Luther King,** kämpfte die schwarze Bevölkerung für mehr Gleichberechtigung, gegen Rassentrennung in Schulen, öffentlichen Verkehrsmitteln und am Arbeitsplatz.
Der Kampf mündete in verschiedene Gesetze (*Civil Rights Act* von 1957, 1960, 1964, 1965, *Voting Rights Act* 1968), der Rassendiskriminierung unter Strafe stellt.

Während Martin Luther King, der am 4. April 1968 ermordet wurde, zu einem gewaltfreien Kampf aufrief, vertrat der zweite berühmte Vertreter der Bewegung, **Malcolm X,** eine radikalere Position: Er verstand sich als ein Opfer weißer Regierungspolitik und vertrat die Position, dass sich die Schwarzen die ihnen zustehenden Rechte auch gewaltsam aneignen dürften: „*I see America through the eyes of a victim. I don't see any American dream. I see an American nightmare.*“

Wie Martin Luther King wurde auch Malcolm X ermordet, und zwar von Mitgliedern der sog. „Nation of Islam“, einer religiös-politischen Organisation schwarzer US-Amerikaner, die ihre Ideale im Kampf gegen die weißen Machthaber von ihm verraten sahen.

Nicht metrische Maßeinheiten

Entfernungen, Größen und Gewichte werden in einigen englischsprachigen Ländern nicht metrisch angegeben.

Nicht metrische Flächenangaben

1 square (sq) inch	= 6,452 cm^2
144 sq inches = 1 sq foot	= 929,03 cm^2
9 sq feet = 1 sq yard	= 0,836 m^2
4840 sq yard = 1 acre	= 0,405 ha
640 acres = 1 sq mile	= 2,59 km^2 = 259 ha

Nicht metrische Gewichtsangaben

1 ounce	= 28,35 g
16 ounces = 1 pound	= 0,454 kg
14 pounds = 1 stone	= 6,356 kg
8 stone = 1 hundredweight (cwt)	= 50,8 kg
20 cwt = 1 ton	= 1016,04 kg

Nicht metrische Längenangaben

1 inch	= 25,4 mm
12 inches = 1 foot	= 30,48 cm
3 foot = 1 yard	= 0,914 m
1760 yard = 1 mile	= 1,609 km

Nicht metrische Angaben zum Fassungsvermögen

	Great Britain	USA
1 pint	= 0,568 l	= 0,473 l
1 quart	= 1,136 l	= 0,946 l
1 gallon	= 4,546 l	= 3,785 l

Aufgepasst: Mit den gleichen Begriffen werden in den USA und Großbritannien unterschiedliche Mengen angegeben!

English Proverbs

A bird in the hand is worth two in the bush	Ein Spatz in der Hand ist besser als die Taube auf dem Dach
A friend in need is a friend indeed	Freunde in der Not gehen tausend auf ein Lot
Any Tim, Dick or Harry	Jeder Hinz und Kunz (= jede(r) x-beliebige)
Barking up the wrong tree	Auf dem Holzweg sein
to be between the devil and the deep blue sea	zwischen zwei Stühlen sitzen
Do lunch or be lunch	Fressen oder gefressen werden
Don't cross a bridge till you come to it.	Alles zu seiner Zeit
Enough is as good as a feast	Allzuviel ist ungesund.
In for a penny, in for a pound	Wer A sagt, muss auch B sagen
It never rains but it pours.	Ein Unglück kommt selten allein.
It takes two to tango.	Dazu gehören immer zwei.
to kill two birds with one stone	zwei Fliegen mit einer Klappe schlagen
misery loves company	geteiltes Leid ist halbes Leid
like father, like son	Der Apfel fällt nicht weit vom Stamm.
Practice makes perfect.	Übung macht den Meister.
When in Rome, do as the Romans do	Andere Länder, andere Sitten

Wörterbücher clever nutzen

Wörterbücher, auch die einsprachigen, sind unterschätzte Helfer – sie enthalten in jedem Eintrag zu einem Wort und besonders im Informationsteil am Ende viele wichtige Informationen zu ganz verschiedenen Themen. Schauen Sie sich Ihr Wörterbuch unbedingt gründlich an!

Ein Wörterbuch hilft,

- ein Wort richtig anzuwenden;
- liefert alternative Formulierungen für einen Begriff, und zwar sowohl Synonyme als auch erklärende Umschreibungen;
- verweist auf zugehörige Redewendungen und hilft, Missverständnisse zu vermeiden;
- erläutert beispielhaft auch den grammatisch richtigen Gebrauch.

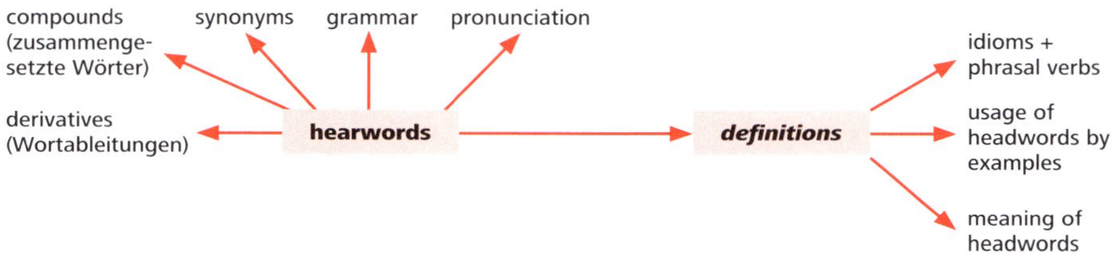

Unregelmäßige Verben

Infinitiv	Imperfekt (2. Form)	Partizip Perfekt (3. Form)	
infinitive	*simple past*	*past participle*	
be	was/were	been	sein
beat	beat	beaten	schlagen, besiegen
become	became	become	werden
begin	began	begun	anfangen
blow	blew	blown	blasen, wehen
break	broke	broken	(zer)brechen
bring	brought	brought	bringen
build	built	built	bauen
buy	bought	bought	kaufen
catch	caught	caught	fangen
choose	chose	chosen	(aus)wählen, aussuchen
come	came	come	kommen
cost	cost	cost	kosten
cut	cut	cut	schneiden
do	did	done	tun, machen, erledigen
draw	drew	drawn	zeichnen
dream	dreamt	dreamt	träumen
drink	drank	drunk	trinken, saufen
drive	drove	driven	fahren, (an)treiben
eat	ate	eaten	essen, fressen
fall	fell	fallen	(hin)fallen
feed	fed	fed	füttern
feel	felt	felt	sich fühlen

Infinitiv	**Imperfekt (2. Form)**	**Partizip Perfekt (3. Form)**	
infinitive	*simple past*	*past participle*	
fight	fought	fought	(be)kämpfen
find	found	found	finden
fly	flew	flown	fliegen
forget	forgot	forgotten	vergessen
freeze	froze	frozen	(ge)frieren
get	got	got	bekommen, erhalten
give	gave	given	geben, schenken
go	went	gone	gehen
grow	grew	grown	wachsen, zunehmen
hang	hung	hung	(auf)hängen
have	had	had	haben, besitzen
hear	heard	heard	hören
hide	hid	hidden	verstecken
hit	hit	hit	schlagen, aufprallen
hold	held	held	(fest)halten
hurt	hurt	hurt	verletzen
keep	kept	kept	behalten, immer wieder tun
know	knew	known	kennen, wissen
lay	laid	laid	(ver)legen, hinstellen
lead	led	led	führen, leiten
lean	leant	leant	(sich) lehnen, stützen, neigen
learn	learnt	learnt	lernen, aneignen
leave	left	left	verlassen
lend	lent	lent	(ver-, aus)leihen

Unregelmäßige Verben

Infinitiv	Imperfekt (2. Form)	Partizip Perfekt (3. Form)	
infinitive	*simple past*	*past participle*	
let	let	let	lassen
lie	lay	lain	liegen
light	lit	lit	anzünden
lose	lost	lost	verlieren
make	made	made	machen
mean	meant	meant	bedeuten
meet	met	met	sich treffen
misunderstand	misunderstood	misunderstood	missverstehen
pay	paid	paid	(be)zahlen
put	put	put	setzen, stellen, legen
read	read	read	(ab)lesen
ride	rode	ridden	reiten, Rad fahren
ring	rang	rung	läuten, klingeln, anrufen
rise	rose	risen	steigen, zunehmen
run	ran	run	laufen, rennen
say	said	said	sagen
see	saw	seen	sehen, verstehen
sell	sold	sold	verkaufen
send	sent	sent	senden, schicken
shake	shook	shaken	schütteln
shoot	shot	shot	(er)schießen
show	showed	shown	zeigen

Infinitiv	**Imperfekt (2. Form)**	**Partizip Perfekt (3. Form)**	
infinitive	*simple past*	*past participle*	
shut	shut	shut	schließen, zumachen
sing	sang	sung	singen
sit	sat	sat	sitzen
sleep	slept	slept	schlafen
smell	smelt	smelt	riechen, duften
speak	spoke	spoken	sprechen
spend	spent	spent	ausgeben, verbringen
stand	stood	stood	stehen
steal	stole	stolen	stehlen
strike	struck	struck	schlagen
swim	swam	swum	schwimmen
take	took	taken	nehmen
teach	taught	taught	unterrichten, lehren
tear	tore	torn	(zer)reißen
tell	told	told	erzählen, mitteilen, sagen
think	thought	thought	denken, meinen
throw	threw	thrown	werfen
understand	understood	understood	verstehen
wake	woke	woken	wecken
wear	wore	worn	tragen, anhaben
win	won	won	gewinnen
write	wrote	written	schreiben